LE DESSIN

A L'ÉCOLE PRIMAIRE

69413. — Paris. Imprimerie LAHURE, 9, rue de Fleurus.— 9-1911.

Gaston QUÉNIOUX   J. VITAL-LACAZE

LE DESSIN

A L'ÉCOLE PRIMAIRE

RECUEIL
D'EXERCICES PRÉPARATOIRES AU CERTIFICAT D'ÉTUDES

OUVRAGE ILLUSTRÉ
DE 20 PLANCHES DE CROQUIS EXPLICATIFS
ET DE 120 DESSINS

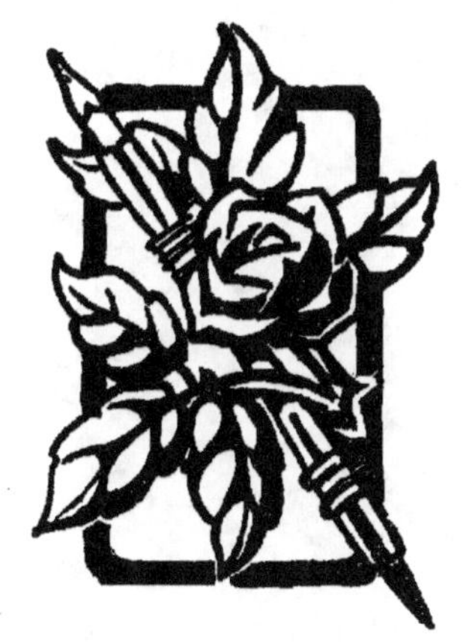

PARIS
LIBRAIRIE HACHETTE ET Cie
79, BOULEVARD SAINT-GERMAIN, 79
1911

LE DESSIN

A L'ÉCOLE PRIMAIRE

RECUEIL
D'EXERCICES PRÉPARATOIRES AU CERTIFICAT D'ÉTUDES

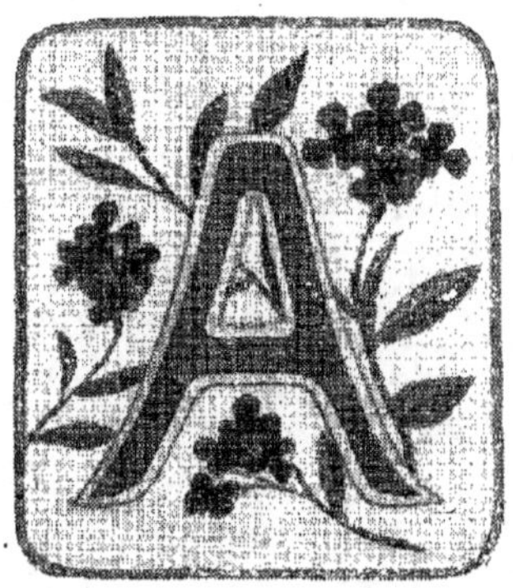

VANT-PROPOS La première série des exercices contenus dans cet opuscule a été publiée, au cours de l'année scolaire 1910-1911, par les soins de MM. les Inspecteurs d'Académie, dans les bulletins officiels de l'enseignement primaire et, d'autre part, dans les bulletins de quelques Amicales.

Cette publication avait pour objet de fournir aux maîtres les directions nécessaires à l'application des nouveaux programmes; partout elle fut bien accueillie et donna les plus heureux résultats. Une partie des dessins, obtenus dans toutes les Académies pendant la dernière année scolaire, a fourni les éléments d'une importante exposition organisée à Nantes au Congrès des Amicales tenu en août 1911.

On était si peu accoutumé à obtenir de tels résultats à l'école primaire que les qualités révélées par l'exposition de Nantes ont surpris beaucoup de maîtres. Ceux qui n'ont pas encore appliqué avec assiduité les nouveaux programmes, qui n'ont pas pratiqué eux-mêmes cet enseignement avec l'attention et la foi nécessaires, ont peine à croire à la possibilité de progrès aussi rapides. De là des doutes émis sur la sincérité des résultats.

Nous pouvons affirmer que nos espérances, fondées sur la bonne volonté et l'initiative de nos collègues de l'enseignement primaire, ont été largement dépassées. Quant à la sincérité des témoignages, nous connaissons certains des maîtres dont les travaux ont causé le plus de surprise, et qui nous ont confessé ce dont nous nous doutions déjà : c'est qu'ils étaient incapables d'exécuter eux-mêmes des dessins tels qu'en produisent quelquefois leurs élèves. Cependant, par la conduite de leur classe, par l'intérêt qu'ils font naître, par l'émulation qu'ils savent entretenir et par leurs conseils, ces instituteurs et ces institutrices n'en sont pas moins d'excellents professeurs de dessin.

Des inspecteurs primaires ont fait les mêmes constatations et les documents qui m'ont été transmis sont probants.

Que l'on m'excuse si je me permets d'ajouter qu'une expérience déjà longue de l'enseignement du dessin ne me laisse aucun doute sur ce qui est possible à l'école primaire dans les conditions où l'instituteur se trouve placé.

Le but de l'enseignement primaire est parfaitement défini dans le plan d'études. On se propose de développer l'intelligence et le jugement des enfants. A l'école primaire, l'on ne peut enseigner que des notions générales sur toutes choses et la place que l'étude du dessin doit y occuper est limitée à l'importance de cette étude au point de vue éducatif.

Cette importance est grande et si, jusqu'ici, elle a été méconnue, les éducateurs avisés reconnaissent, de plus en plus, combien de choses, dont l'étude est fastidieuse pour l'enfant, peuvent être aisément assimilées par lui à l'aide du dessin.

Mais, ce serait à la fois une erreur et une vaine prétention que de chercher à faire, à l'école primaire, d'adroits dessinateurs. Ceci est du ressort des écoles spéciales. Pour être moins étendue, l'action de l'instituteur n'en est pas moins utile : donner à l'enfant l'habitude et le goût de l'observation et du raisonnement par l'étude directe d'après nature et par l'exercice du croquis coté, cultiver son goût en l'initiant aux premiers éléments de l'ornementation.

Une question nous est souvent posée. *Est-il utile de retoucher les dessins des élèves et dans quelle mesure peut-on le faire?* Dans un précédent ouvrage (¹) nous avons déjà donné des explications

---

1. Manuel de dessin pour servir à l'enseignement primaire (page 18).

sur ce point. D'une manière générale il vaut mieux ne point retoucher les dessins des élèves; mais il se présente des cas où quelques traits de crayon ou quelques touches de pinceau rendent immédiatement évident ce que de longs discours ne montreraient qu'imparfaitement. Ce moyen présente donc certains avantages pour des maîtres doués de goût. Nous signalons seulement un danger que certains n'ont pas évité. Il ne faut pas trop se complaire à l'obtention de beaux dessins; on glisse alors facilement à l'abus des retouches et l'on substitue sa manière de voir et de faire à celle des élèves. Dans les écoles où l'on agit ainsi, l'uniformité des résultats en supprime en grande partie l'intérêt.

D'autre part, il ne faut pas oublier que si l'on impose son goût aux élèves, la prudence exige qu'on le fasse avec la plus grande réserve, car, en cette matière, l'erreur est facile. Et trop souvent, ce sont ceux qui croient détenir la vérité qui en sont le plus éloignés.

Pour l'étude du dessin, de bons exemples fournissent des indications plus fructueuses que les meilleures explications verbales. La vue d'un bon dessin est toujours une excellente leçon, et c'est pourquoi nous engageons les maîtres à exposer dans les classes les meilleurs dessins obtenus dans chaque exercice. En comparant leurs travaux avec ceux de leurs camarades mieux doués, les élèves retirent de cette comparaison le plus précieux des enseignements.

Aussi est-ce pour leur valeur d'exemple que nous admettons l'utilité des retouches, quand elles sont pratiquées avec une intelligente discrétion par un maître compétent.

Le livre que nous publions aujourd'hui a pour objet de fournir un assez grand nombre de bons exemples et d'aider ainsi les maîtres primaires à continuer l'œuvre d'éducation artistique qui leur est confiée.

Pour répondre aux demandes qui nous ont été adressées, nous avons apprécié la valeur des dessins publiés en les notant sur le maximum 20. Cette notation a été faite en tenant compte de l'âge des élèves. Par l'examen de ces notes, l'on pourra se rendre compte que les dessins contenus dans ce livre résultent d'une sélection. Nous estimons que cet ensemble de dessins sélectionnés constitue un maximum qui ne peut être dépassé à l'école primaire.

Nous avons écarté les résultats tout à fait exceptionnels, ceux qui, étant inaccessibles, ne sauraient être proposés comme exemples. Cependant les dessins que nous publions sont dus aux meilleurs élèves des classes, et il serait vain d'en attendre de semblables de la moyenne des élèves. Encore une fois, ce ne sont que des exemples simples et sains destinés à donner aux études une bonne orientation.

Les exercices de la première série ayant déjà été pratiqués dans un certain nombre d'écoles, à la suite de leur publication dans les bulletins départementaux, nous les avons fait suivre d'une deuxième série de thèmes à proposer aux cours moyen et supérieur. Ces nouveaux thèmes sont dus à notre collaborateur M. Vital Lacaze.

Ce livre contient donc les éléments d'études pour l'emploi du temps de deux années scolaires au moins. Par la suite, il appartiendra à l'initiative de chacun, de varier ces modèles et ces thèmes nouveaux suivant les circonstances et les ressources locales.

D'ailleurs, pour le recrutement et le choix des modèles, l'intelligente initiative du maître est toujours secondée par l'ingéniosité et la bonne volonté des enfants.

Et quelles ressources inépuisables nous offre la Nature! Une feuille, une fleur, un fruit ne sont-ils pas toujours de nouveaux thèmes d'étude par les différences de leurs formes et de leurs couleurs? C'est à la Nature que je voudrais en définitive renvoyer Maîtres et élèves.

Gaston QUÉNIOUX.

Première série.

Nous demandons aux maîtres primaires de faire exécuter aux élèves des cours moyen et supérieur les exercices suivants ou de s'inspirer des données indiquées pour proposer dans leurs classes des exercices analogues.

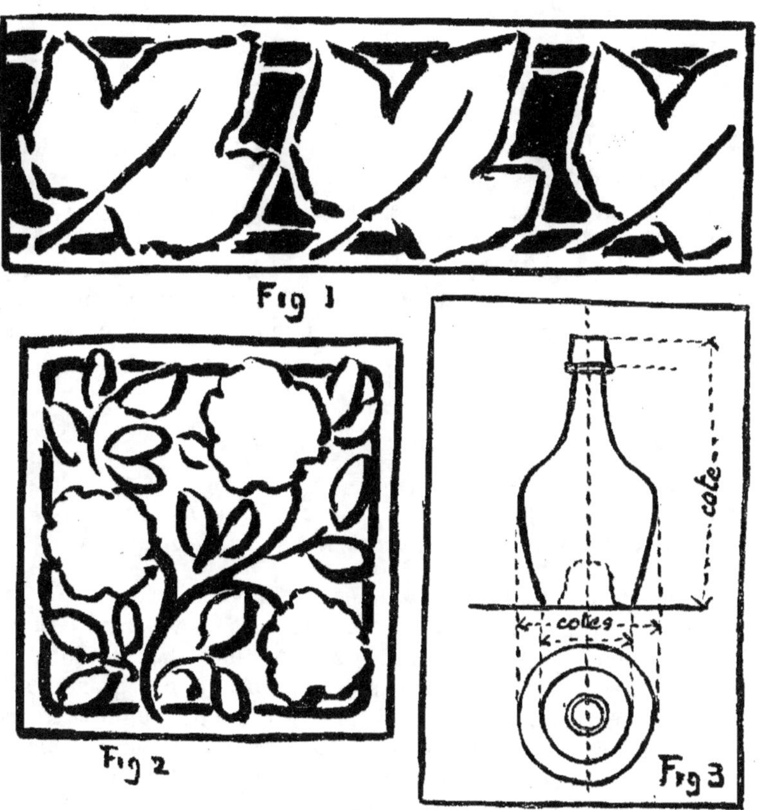

Exemples des croquis à tracer au tableau par le maître.
Observation importante. — Ces croquis ne doivent servir que d'indications aux élèves et non de modèles à copier.

ÉTUDES D'APRÈS NATURE

1° *Une feuille morte.*

Ce dessin pourra être exécuté en classe ou hors la classe. Les élèves choisiront eux-mêmes leur modèle : platane, vigne, vigne vierge, etc., et ils en feront un dessin rehaussé de couleurs (crayons de couleur ou aquarelle) grandeur naturelle. Faire remarquer aux enfants que certaines feuilles desséchées et recroquevillées présentent de l'intérêt tout autant par leur forme que par leur couleur. Ce modèle peut être traduit en modelage.

2° *Une bouteille de forme simple.*

Appeler l'attention sur les proportions du modèle, inviter les élèves à observer la couleur, les reflets du verre et à chercher à traduire complètement leur impression. Réagir contre l'habitude si fréquente d'interpréter les objets d'une manière uniforme, abstraction faite de la couleur et des valeurs, comme si tous les objets étaient en plâtre. Le dessin au trait, sans coloration et sans ombres, ne convient que pour les croquis cotés en géométral. Les élèves feront le croquis coté (plan et élévation) de la bouteille comme il est indiqué figure 3. Dessin à vue et croquis en géométral d'une bouteille peuvent être exécutés sur une même feuille mesurant 31 × 46 format demi-Ingres. La figure 3 ne représente que la moitié de la feuille, c'est-à-dire la partie affectée au croquis coté.

COMPOSITIONS DÉCORATIVES

1° *Une bordure formée par la répétition d'une feuille placée obliquement comme il est indiqué* (fig. 1).

Le maître trace au tableau un croquis analogue et invite les élèves à s'en inspirer pour composer leurs dessins. Les élèves feront œuvre personnelle en choisissant les éléments décoratifs et la coloration. Ils seront libres de prendre de larges feuilles occupant la plus grande partie du fond ou de petites feuilles réunies sur une même tige. Pour la composition décorative il ne s'agit pas de copier strictement le modèle naturel choisi, mais seulement de s'en inspirer. C'est ainsi qu'on a toute liberté pour les colorations. Par exemple, la couleur réelle d'une feuille étant verte ou jaune, le décorateur peut la peindre bleue ou rouge si la couleur bleue ou rouge s'harmonise mieux avec le fond sur lequel cette feuille est placée. La frise (fig. 1) devra avoir une largeur de 9 centimètres, elle peut être composée pour être exécutée au pochoir ou en étoffe appliquée.

2° *Un carré orné.*

Le schéma (fig. 2) présente l'ornementation d'un carré avec trois points importants disposés non symétriquement. Les éléments décoratifs seront, au gré des élèves, des fleurs ou des groupes de fleurettes, des graines, des fruits ou tout autre élément végétal tel que courgette, coloquinte, etc...; des tiges et des feuilles réparties sur le fond complèteront la décoration du carré qui mesurera o m. 20 de côté.

Pour ces deux compositions, trois tons sont suffisants pour produire un effet agréable; des tons à plat et un sertis (¹) sont le plus souvent préférables aux modelés. Si l'on emploie des modelés, ils doivent être utilisés avec discrétion et surtout sans préoccupation du *trompe l'œil*.

Afin de laisser aux élèves la liberté nécessaire, ces dessins peuvent être étudiés et terminés hors la classe.

DESSINS LIBRES ET DEVOIRS ILLUSTRÉS

Pour ces dessins exécutés librement hors la classe, il y a bénéfice à faire concorder les sujets proposés avec les leçons faites en classe, sujets d'histoire, narrations, dictées, devoirs d'histoire naturelle, etc..., les sujets doivent toujours être concrets, l'action facile à exprimer. Nous rappelons qu'il ne s'agit point de prescrire et d'espérer des tableaux d'histoire, mais de susciter l'imagination et la verve et surtout de provoquer la réflexion personnelle. Si les dessins libres accompagnent un devoir dont ils sont le complément, ils seront exécutés sur le papier même du devoir et disposés au milieu du texte ou en tête de la page comme les illustrations d'un livre. Si, au contraire, le dessin est indépendant, son format sera laissé à la disposition de l'élève. Il est entendu que les dessins à faire *librement* hors la classe ne doivent en aucune façon constituer une obligation pour l'élève. C'est en suscitant l'émulation des enfants que le maître stimulera leur zèle et obtiendra des dessins, et c'est en donnant des explications préalables qu'il pourra les aider. Mais là doit se borner son intervention pour cette partie des études.

CONSEILS GÉNÉRAUX

Les croquis (fig. 1, 2 et 3) tracés au tableau sont de simples indications dont les élèves doivent seulement s'inspirer. C'est à dessein que ces indications sont tracées sommairement et afin que les élèves ne soient pas tentés de les copier.

Les noms des élèves, leur âge et la provenance des dessins doivent être inscrits en petits caractères dans un angle de la feuille.

1. Le sertis est un trait plus ou moins large affirmant les contours du dessin (Voir figures 65, 67, 93, 103, etc.).

Pour la sécurité dans l'envoi des dessins, nous conseillons de les placer entre deux feuilles de carton 24 × 32 format d'un quart de feuille Ingres. Ce mode d'envoi est préférable au rouleau. Les dessins qui auraient un format double seraient pliés en deux. A l'école primaire, ce n'est qu'exceptionnellement que nous aurons à employer de plus grands formats (1).

Deuxième série d'exercices.

ÉTUDES D'APRÈS NATURE

1° *Brindille avec graines d'églantier.*

L'automne est riche en éléments naturels pouvant fournir de charmants modèles. En octobre on trouve, dans toutes les haies, des branchettes d'églantier aux fruits écarlates, des ronces avec des mûres, des fruits d'aubépines.

L'on peut, d'autre part, proposer des branchettes de chêne avec des glands. Les conseils à donner aux élèves sont les mêmes que pour le dessin des branches de fleurs : direction générale de la branchette, rapport des différentes parties entre elles, grosseur des fruits par rapport aux feuilles, etc.... On profitera également de la saison pour faire dessiner aux enfants les courges, pâtissons, aubergines aux formes originales et aux riches couleurs, modèles qui les intéressent toujours et qui, de plus, se prêtent à la traduction en modelage.

2° *Une boîte ronde avec ou sans couvercle* (fig. 1).

Se procurer un nombre suffisant de boîtes pour que tous les élèves d'un même cours puissent sans difficulté voir le modèle qui leur est proposé.

Le modèle sera placé sur un plan au-dessous des yeux, pour que tous voient le corps et la face supérieure de la boîte.

Le maître fera observer que la forme du modèle est celle d'un cylindre, les deux cercles se trouvant placés très exactement l'un au-dessus de l'autre lorsque la boîte est posée d'aplomb.

Le maître prendra la boîte dans ses mains et la placera au niveau

---

1. Cette recommandation avait été faite, lors de la publication de ces thèmes dans les bulletins départementaux, pour les maîtres et pour les inspecteurs qui transmettaient à l'inspection générale les résultats obtenus mensuellement.

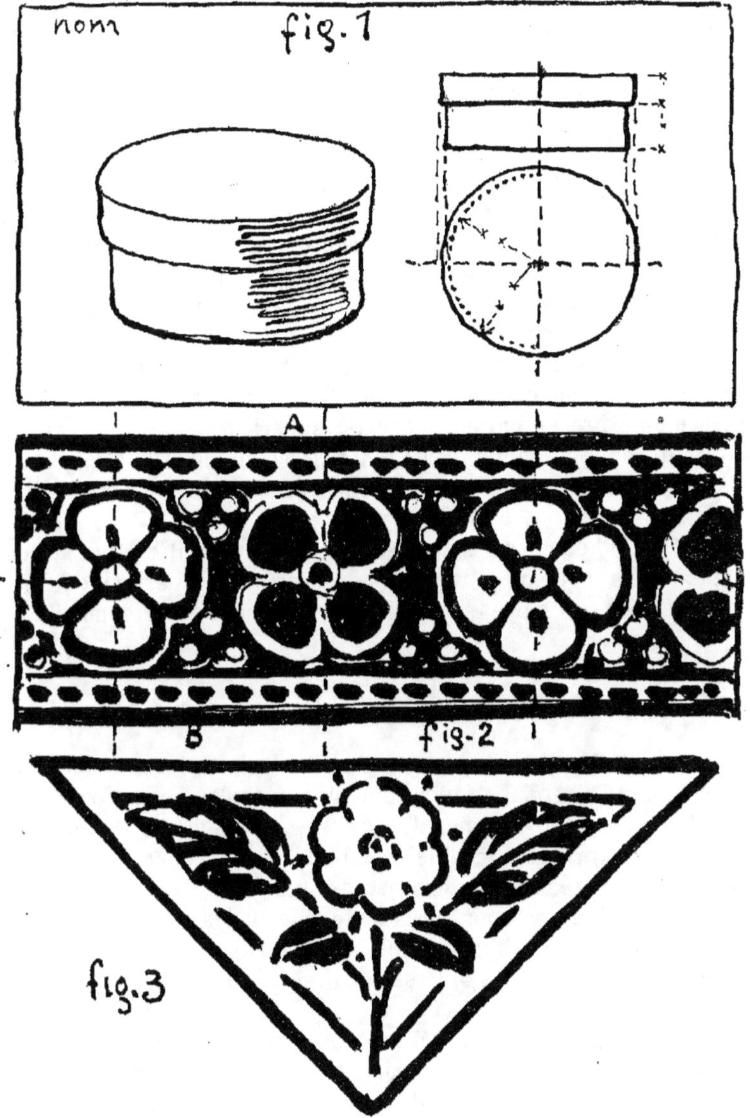

Exemples des croquis à tracer au tableau par le maître.

des yeux des enfants. Il leur fera remarquer que, dans cette position, le bord supérieur de la boîte, qui, en réalité, est un cercle, paraît être une simple ligne horizontale.

En abaissant progressivement le modèle, les enfants apercevront l'intérieur ou le dessus de la boîte, si celle-ci a son couvercle, et le cercle formant le bord supérieur leur apparaîtra sous la forme d'une ellipse dont le petit axe grandira au fur et à mesure que le modèle sera placé plus bas.

La démonstration qui vient d'être faite pour le bord supérieur de la boîte s'applique également au cercle formant la base.

Les modèles étant placés en vue des élèves, le maître leur recommande de bien se rendre compte tout d'abord des grandes proportions. Pour cela, il leur indiquera comment, avec un crayon ou une règle, on peut comparer la hauteur de l'objet avec la largeur, une face par rapport à une autre : le bras étant allongé et un œil fermé, tenir le crayon de manière à ce qu'il se trouve dans un plan de front. Viser avec la pointe sur un point extrême de l'objet ou de la partie de l'objet que l'on veut mesurer (point à gauche ou supérieur) et avec le pouce sur l'extrémité opposée. Puis, sans diminuer ni augmenter la longueur du bras, porter la mesure ainsi obtenue sur celle avec laquelle on désire la comparer.

Ce moyen de comparer deux mesures peut être utilisé pour se rendre compte des grandes proportions, mais, pour les détails, l'œil doit arriver à se passer de ces moyens et le dessin y gagnera en personnalité.

CROQUIS COTÉ

Le dessin d'après nature terminé, les élèves auront à en faire un croquis coté. Ce croquis devra contenir toutes les indications, tant au point de vue de la forme que des mesures, de telle façon que si l'on avait à faire fabriquer un objet semblable, un ouvrier trouve dans ce croquis tous les renseignements nécessaires.

Le maître fera remarquer que la boîte, vue du dessus, prend un contour circulaire. Plusieurs circonférences concentriques et à rayon variable donneront l'indication des diverses épaisseurs, ainsi que des différentes parties : corps et couvercle.

Ce dessin s'appelle *le plan* ; il est constitué par la projection sur le plan horizontal des différentes parties de la boîte. Deux parties de la boîte (dans l'espèce, la boîte affectant la forme d'un cylindre, le bord inférieur et le bord supérieur), ayant même forme, même dimension et se superposant, ne donnent lieu dans le tracé du plan qu'à une seule ligne ou indication.

Le plan nous donne donc la forme exacte de la boîte vue par dessus, ainsi que les divers rayons et épaisseurs de parois.

La projection sur le plan vertical ou *élévation* donne les hauteurs des différentes parties de la boîte.

Nous supposons, en ce moment, que notre œil est placé exactement au niveau de la boîte. Le cercle qui formait tout à l'heure le dessin de la boîte nous apparaît alors suivant une ligne horizontale ; il en est de même de tous les cercles concentriques que nous avons observés sur le plan.

Leur niveau étant différent, l'élévation donne donc les hauteurs différentes des diverses parties de la boîte : bord supérieur, bord inférieur, hauteur du couvercle.

Les lignes de projection nous montreront que les diamètres du plan se trouvent être exactement les mêmes que ceux de l'élévation ; un axe légèrement tracé passera par le centre du plan et par le milieu de l'élévation.

Toutes les lignes d'opération : lignes de projection et axe devront être maintenues et indiquées par de petits traits. Les lignes du croquis proprement dit seront pleines.

La clarté est la qualité principale d'un croquis coté. Les lignes d'opération doivent donc laisser les lignes principales du dessin très apparentes et les chiffres indiquant les cotes doivent être très lisibles.

Dessin d'après nature et croquis coté peuvent être exécutés sur une même feuille de format 1/2 Ingres.

COMPOSITIONS DÉCORATIVES

1° *Une bordure* (fig. 2).

Des explications sommaires seront données aux enfants sur les emplois multiples de la bordure dans la décoration, notamment dans l'architecture, les papiers peints, les tapis, la lingerie. Autant que possible, il sera bon de leur en montrer quelques exemples.

Ensuite, le maître indique au tableau la manière de construire le schéma proposé.

Tracer deux lignes horizontales parallèles A. B. Ces deux lignes, qui limiteront la bordure, doivent être tracées par les élèves sur leur feuille, disposée dans le sens de la largeur et être distantes de 7 ou 8 centimètres environ.

La figure ainsi obtenue sera divisée en plusieurs parties égales. Dans chacune de ces divisions, le maître indiquera approximativement le volume d'un ornement important, rosace ou fleur.

Les filets limitant la bordure A et B doivent être assez larges, les éléments décoratifs (rosaces ou ornements) imaginés par les élèves, la couleur laissée à leur choix. Toutefois, il est recommandé de n'employer qu'un petit nombre de tons, trois ou quatre.

Les rosaces pourront être toutes de même forme et de même couleur, ou bien alterner deux à deux soit comme couleur, soit comme forme.

2° *Décoration d'une surface triangulaire* (fig. 3).

La composition décorative que nous proposons devrait pouvoir s'adapter à l'ornementation d'un carreau de faïence, ou d'une étoffe appliquée ou brodée.

Le maître tracera au tableau un triangle équilatéral ou isocèle, le sommet tourné vers le bas. Une tige, dans l'axe du triangle portera une large fleur, et deux branches ou deux grosses feuilles iront occuper les angles de droite et de gauche.

Les élèves auront donc, d'abord, à construire un triangle isocèle bien d'aplomb, ensuite, en restant dans les données générales du schéma dessiné au tableau, imaginer les éléments décoratifs, fleurs et feuilles destinées à son ornementation. Les filets qui bordent le triangle seront larges et pourront aussi recevoir une ornementation très simple.

Il ne faudra employer qu'un nombre restreint de couleurs; en revanche, la faïence permettant des tons très brillants, les élèves n'auront pas à craindre l'emploi de couleurs vives.

Nous nous excusons de présenter nos premières leçons avec des explications sans doute superflues pour les maîtres qui ont déjà commencé l'application de cette méthode. Mais, peut-être quelques-uns ne trouveront-ils pas ces explications inutiles.

=== **Description des planches de dessins.** ===

ÉTUDES D'APRÈS NATURE

Fig. 1. — **Une feuille morte.** Excellente étude faite d'après nature sur papier légèrement teinté gris, dessous d'aquarelle repris aux crayons de couleur. La reproduction donne bien l'impression du dessin original. Provient du département de la Haute-Marne. Age de l'élève, 12 ans. Note 18.

Fig. 2. — **Une feuille morte.** Dessin largement traité à l'aquarelle et repris à la plume. La coloration rousse de la feuille est très bien traduite. Provient du Finistère. Age de l'élève, 13 ans. Note 20.

Fig. 3. — **Une feuille morte.** Dessin plus sec et plus petitement vu que les précédents. Il est cependant consciencieusement étudié et la coloration jaune pâle avec des taches rousses a été finement observée. Provient du département des Hautes-Pyrénées. Age de l'élève, 12 ans. Note 15.

Fig. 4. — **Feuilles mortes.** Études curieuses et intéressantes malgré la brutalité de l'exécution. Les tons sont très francs et d'un bel aspect décoratif. Provient d'Alger. Age de l'élève indigène, 12 ans. Note 15.

Fig. 5. — **Une cruche.** Croquis perspectif et croquis coté. Assez bon dessin. Il y a une disproportion entre la représentation de l'objet en perspecve et les croquis cotés. Exagération des lignes de rappel pour expliquer les projections. Les cotes ne sont pas assez apparentes sur l'original, aussi ont-elles complètement disparu sur la figure 5. Provient du Tarn-et-Garonne. Age de l'élève, 14 ans. Note 14.

Fig. 6. — **Une bouteille.** Croquis perspectif et croquis coté. Exécution naïve ne manquant pas de charme. La coloration de la bouteille, obtenue à l'aide de crayons de couleur, est assez juste. Le croquis coté est clairement exprimé. L'ensemble eût gagné, si les dessins avaient été mieux placés dans la feuille. Provient du département de la Vienne. Age de l'élève, 12 ans. Note 15.

COMPOSITIONS DÉCORATIVES

Fig. 7. — **Bordure.** Composition très heureuse par l'harmonie de la coloration. Fond bleu d'outremer intense, feuilles d'un vert assez affirmé, fleurettes jaune d'or, filets latéraux de couleur brune. Provient du Jura. Age de l'élève, 10 ans. Note 18.

Fig. 8. — **Bordure.** Le dessin des feuilles manque de caractère et l'exécution est un peu sèche. Coloration agréable. Feuilles gris perle sur fond roux, filets latéraux bleu. Provient de la Corse. Age de l'élève, 12 ans. Note 14.

Fig. 9. — **Bordure.** Curieuse composition dont la reproduction traduit incomplètement l'effet de richesse. Fond rouge cerise, feuilles et tiges vert gris, bordure de points multicolores sur un fond tantôt jaune et tantôt bleu. Un trait d'or sertit les points de la bordure et ajoute à la richesse de l'ensemble. Provient de l'école d'indigènes de Koléa, Alger. Age de l'élève, 13 ans. Note 17.

Fig. 10. — **Carré orné.** Les éléments de cette composition sont largement présentés, mais l'on peut critiquer le dessin des feuilles ; elles manquent de caractère, et leur lourdeur contraste trop avec la minutie des pétales. Bonne coloration, feuilles vert chaud, filets d'un vert presque roux, fleurs rose foncé. Provient de Saône-et-Loire. Age de l'élève, 14 ans. Note 16.

Fig. 11. — **Carré orné.** Composition plus fine que la précédente et d'une harmonie aussi originale que simple ; les tiges sont brun jaunâtre, les feuilles rouge assez chaud et les graines noir bleuâtre. Provient du Lot. Age de l'élève, 14 ans. Note 18.

DESSINS FAITS LIBREMENT HORS LA CLASSE

Ces naïves compositions ne peuvent guère se décrire brièvement. Elles valent surtout par les observations préalables que les enfants ont dû faire pour les imaginer et les dessiner.

Fig. 12. — Dessin représentant une foire peu achalandée. Provient des Alpes-Maritimes. Age de l'élève, 10 ans. Note 16.

Fig. 13. — **Une partie de croquet.** Les petites figures sont maladroitement dessinées, mais la préoccupation de traduire les attitudes est évidente. Résultat intéressant. Provient de l'Ardèche. Age de l'élève, 13 ans. Note 16.

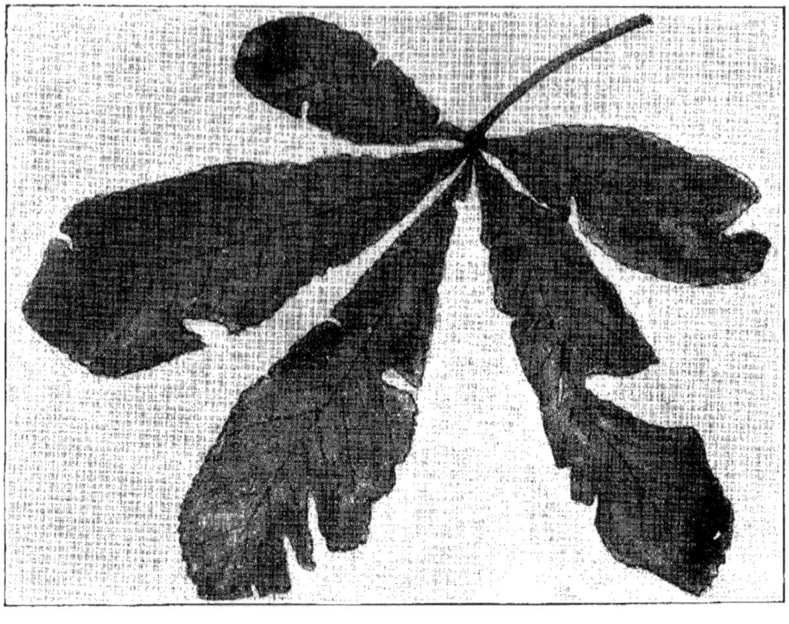

Fig. 2. — Étude d'après nature. Dessin à la plume rehaussé d'aquarelle. Réduction au tiers de l'original.

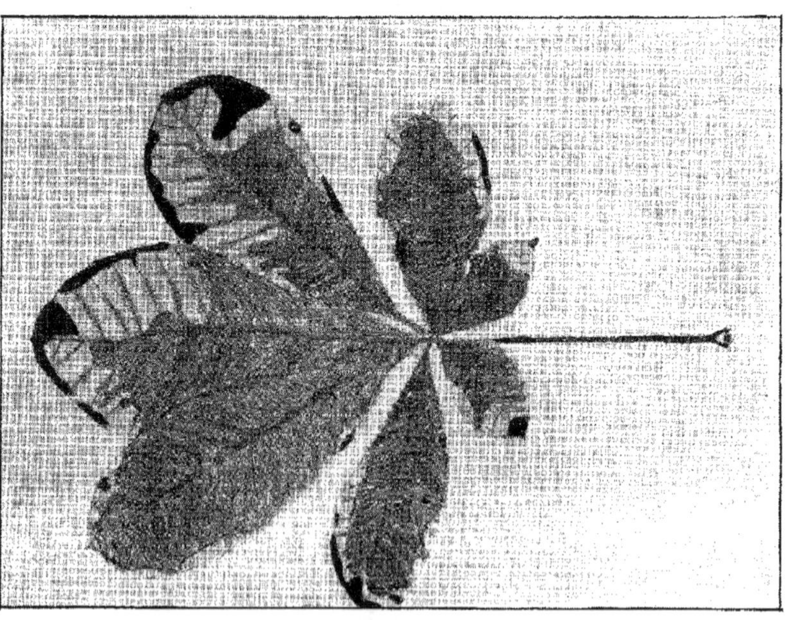

Fig. 1. — Étude d'après nature. Une feuille morte. Aquarelle et crayons de couleur. Réduction au tiers de l'original.

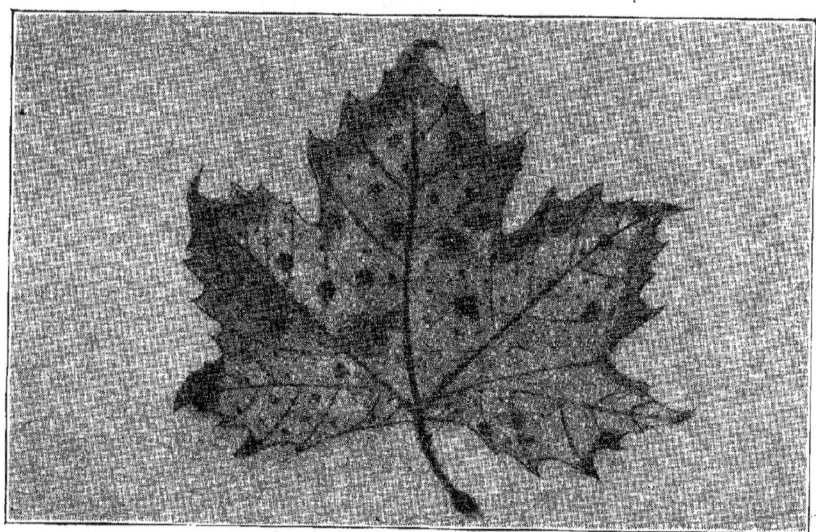

Fig. 3. — Étude d'après nature. Une feuille morte. Dessin aux crayons de couleur.
Réduction aux deux cinquièmes de l'original.

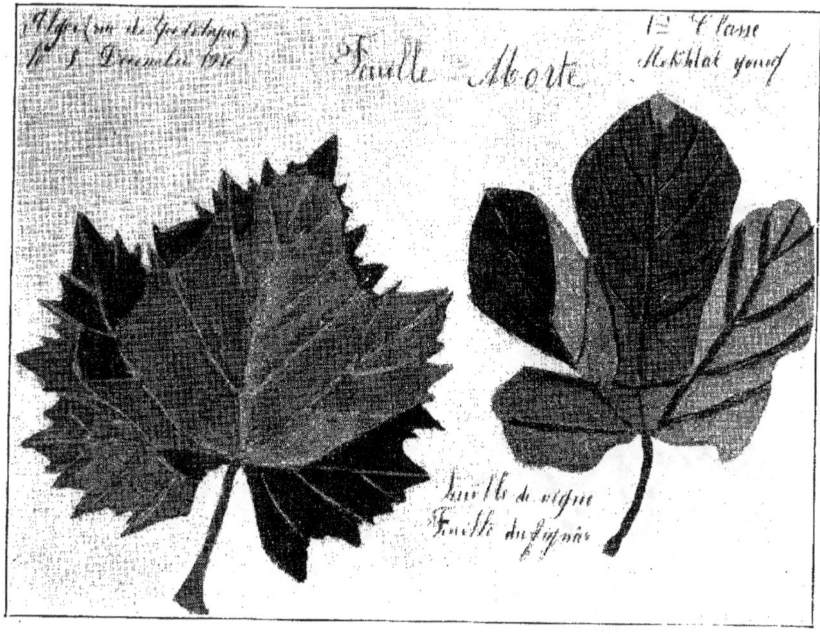

Fig. 4. — Étude d'après nature. Feuilles mortes. Dessin aquarellé. Réduction au tiers
de l'original.

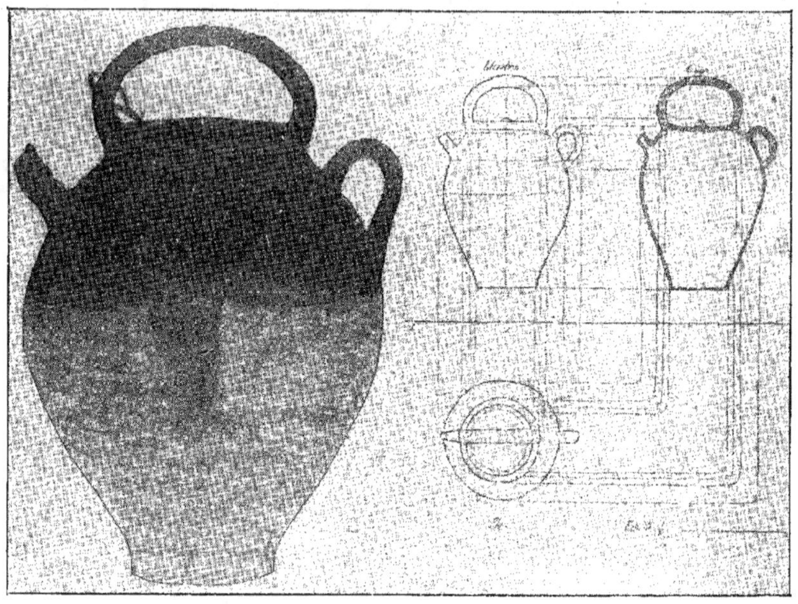

FIG. 5. — Étude d'après nature. Croquis exécutés à la plume et rehaussés d'aquarelle.
Réduction au tiers de l'original.

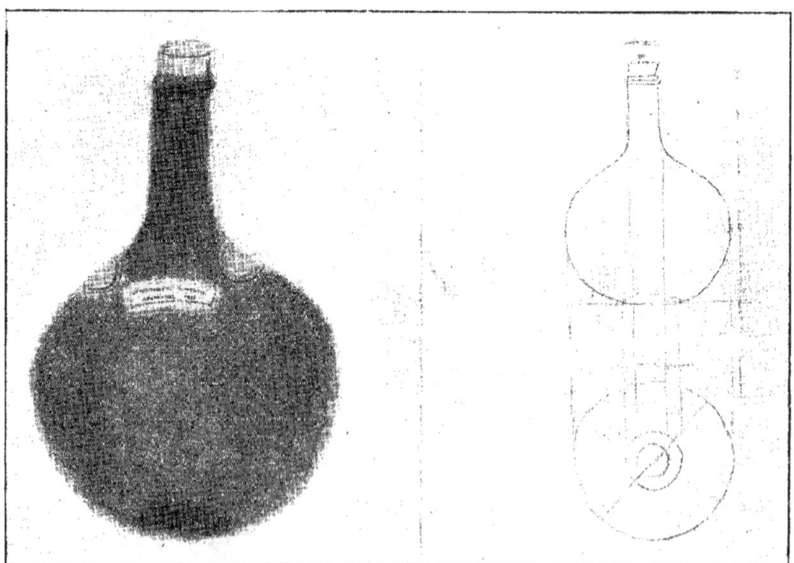

FIG. 6. — Étude d'après nature. Dessin rehaussé de crayons de couleur et croquis coté
à la mine de plomb. Réduction au quart de l'original.

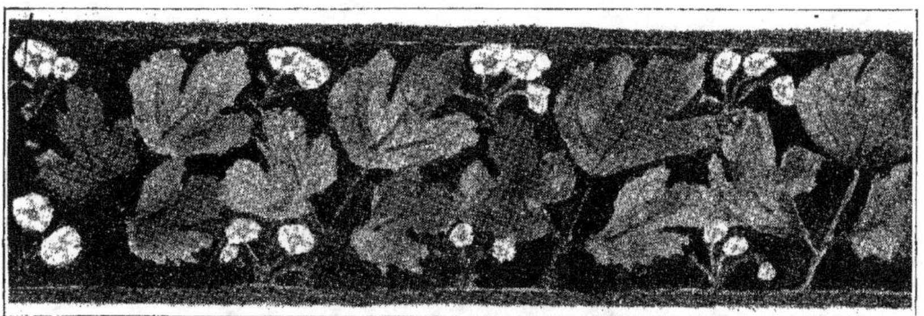

Fig. 7. — Bordure. Dessin aquarellé. Réduction au tiers de l'original.

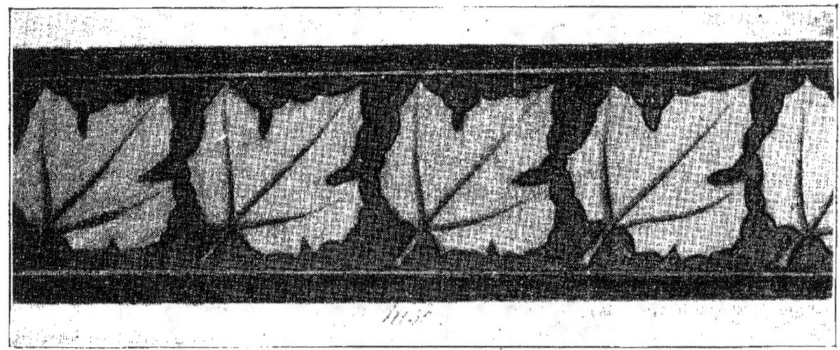

Fig. 8. — Bordure. Dessin aux crayons de couleur. Réduction au tiers de l'original.

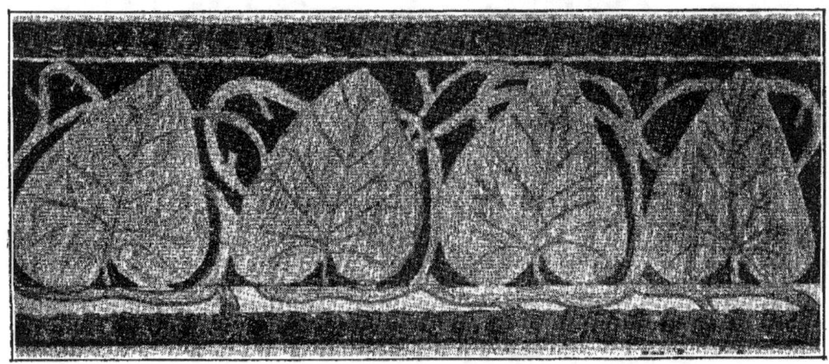

Fig. 9. — Bordure. Dessin aux crayons de couleur rehaussé d'or. Réduction au tiers
de l'original.

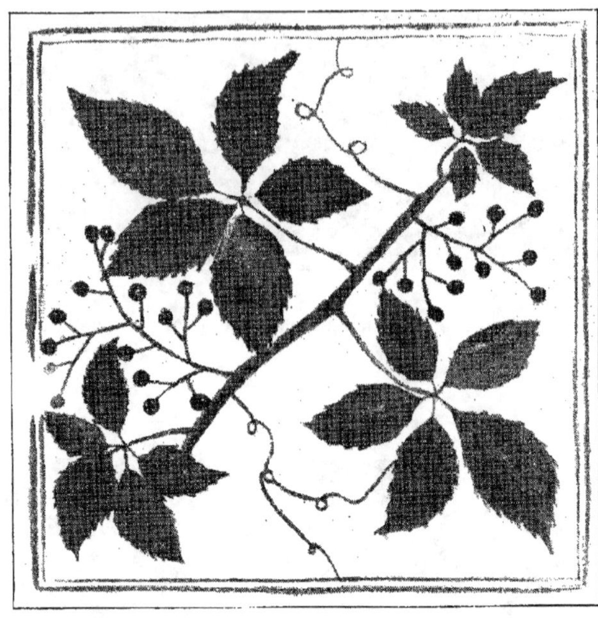

Fig. 11. — Carré orné. Dessin aquarellé.
Réduction au tiers de l'original.

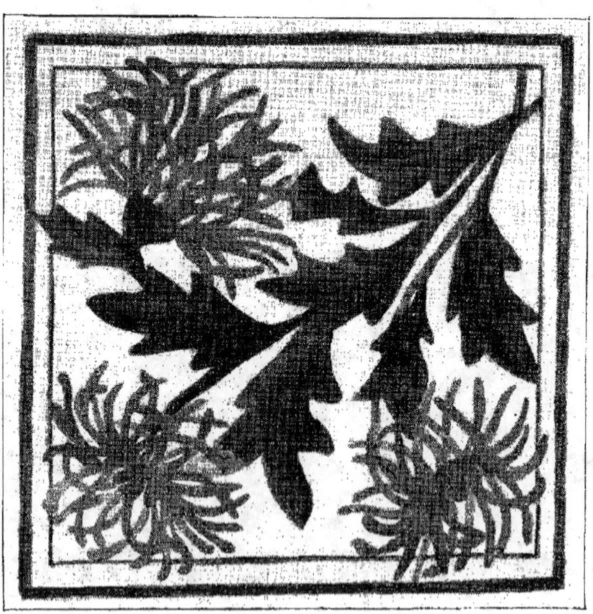

Fig. 10. — Carré orné. Dessin aquarellé.
Réduction au tiers de l'original.

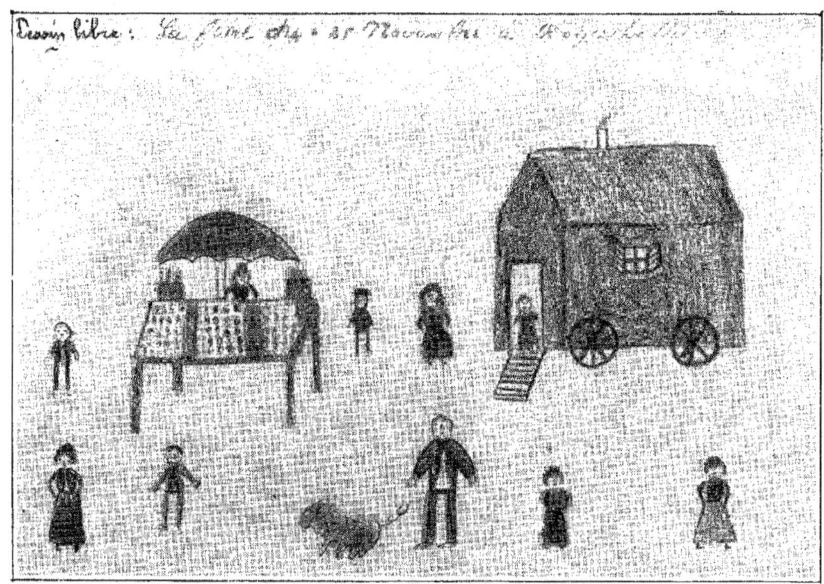

FIG. 12. — *La foire*. Dessin rehaussé de crayons de couleur. Réduction à moitié de l'original.

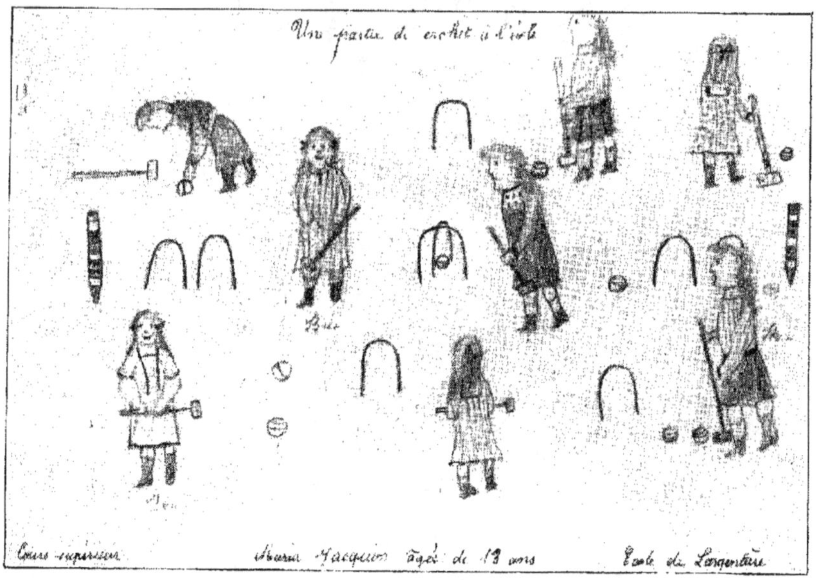

FIG. 13. — *Une partie de croquet*. Dessin à la mine de plomb rehaussé de crayons de couleur. Réduction à moitié de l'original.

Première série.

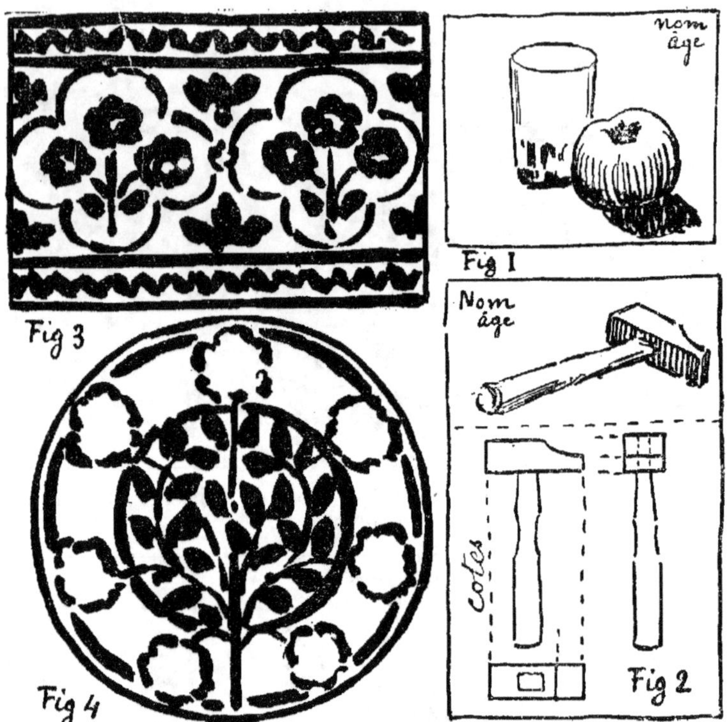

Exemples des croquis à tracer au tableau par le maitre.
Règle générale. — En aucun cas ces croquis ne doivent être copiés par les élèves.
(Voir conseils généraux, page 7.)

ÉTUDES D'APRÈS NATURE

1° Dessin d'un verre à boire et d'un fruit.

Les dessins seront différents suivant la forme du verre et la nature du fruit choisi. La disposition du sujet, la façon dont les éléments du dessin sont groupés témoignent du goût du dessinateur. L'arrangement doit être assez simple, ainsi que l'indique le croquis (fig. 1). Le dessin sera exécuté à peu près de grandeur naturelle sur une feuille mesurant 31 × 23, format quart Ingres. Les élèves ont toute liberté pour choisir le mode d'exécution, papier de couleur avec rehaussés de blanc, crayons de couleur ou aquarelle. Ce dessin peut également servir de thème pour un exercice à exécuter hors la classe.

2° *Un marteau.*

Croquis perspectif et croquis cotés en géométral peuvent être exécutés sur une même feuille de format demi Ingres, 31 × 46. La figure montre la présentation dans la feuille. Cette présentation peut cependant être différente selon la forme du marteau qui servira de modèle. Pour le croquis en perspective les élèves placeront le marteau dans la position qu'ils estimeront la meilleure pour en bien faire comprendre la forme.

COMPOSITIONS DÉCORATIVES

1° *Une bordure ornementale.*

Le maître tracera au tableau un croquis (fig. 3) représentant le schéma de la bordure, c'est-à-dire les grandes lignes de la composition : deux filets latéraux ornés de combinaisons géométriques, méandres, zigzags, points ou graines ; entre ces filets, des quatre-lobes légèrement aplatis. Des fleurs et des feuilles disposées en bouquets forment les autres éléments de la décoration. Il est inutile d'employer le compas pour le tracé des courbes des quatre-lobes. Les courbes tracées à la main, pour si irrégulières qu'elles soient, sont généralement plus gracieuses que les tracés géométriques, lesquels présentent toujours une certaine sécheresse. Les fleurs et les feuilles composant la décoration de cette bordure ainsi que la coloration, trois ou quatre tons au plus, sont laissées au choix des élèves.

2° *Un plat en faïence.*

L'ornementation de ce plat se composera, comme l'indique la figure 4, de sept fleurs ou groupes de fleurettes ou graines disposés dans le marli, les tiges de ces fleurs formant une sorte de palmette et les feuilles attachées aux tiges ornant la partie centrale du plat.

Nous recommandons aux maîtres de tracer préalablement au compas, sur les feuilles de dessin à remettre aux élèves, les deux cercles concentriques formant les limites du marli. Ces lignes guideront les élèves dans leur travail.

Ce dessin peut être exécuté sur quart de feuille, ou sur demi-feuille de papier Ingres, les diamètres des dessins auront dans le premier cas 22 centimètres et dans le second cas 30 centimètres. On appréciera approximativement la grandeur du cercle inscrit d'après les proportions du croquis (fig. 4). Les observations faites précédemment sur le choix des fleurs, des feuilles et de la coloration s'appliquent également à cette composition. Prévenir les élèves que le rouge éclatant ne peut pas être obtenu sur un décor de faïence, les couleurs qui viennent le mieux à la cuisson sont, avec le blanc, les bleus, les verts, les jaunes et les bruns.

Les élèves ne doivent pas chercher à imiter, au moyen d'ombres, le creux du plat, ce n'est pas un plat que nous avons à dessiner mais seulement l'ornementation d'un plat.

Dans les classes de jeunes filles cette composition peut être conçue pour la décoration d'un cercle orné pouvant être exécuté en étoffe appliquée ou en broderie.

Il y a avantage à ce que les compositions décoratives soient étudiées en partie hors la classe.

DESSIN DE MÉMOIRE

A la séance qui suit chaque exercice, il est profitable de faire exécuter en dix minutes un croquis de mémoire de l'étude faite à la leçon précédente.

DESSINS LIBRES ET DEVOIRS ILLUSTRÉS

Nous répétons ce que nous avons dit sur la première note : les sujets des dessins libres doivent être choisis parmi les contes enfantins, les scènes que l'enfant peut observer autour de lui ou parmi les thèmes des leçons étudiées en classe. L'illustration des saisons, des mois, par les scènes ou les occupations caractéristiques des différentes époques de l'année, donne en général de bons résultats.

Rappelons que les noms des élèves, leur âge et la provenance des dessins doivent être inscrits en petits caractères dans un angle de la feuille.

Deuxième série d'exercices.

ETUDES D'APRÈS NATURE

1° *Un fruit* (étude documentaire).

L'étude en sera faite sous forme documentaire pour l'illustration d'un devoir. Le maître devra, si cela est possible, demander à chaque élève d'apporter un fruit : pomme, poire, orange, citron, nèfle, etc. Lui-même en aura un à sa disposition.

Il fera d'abord une description de la partie extérieure du fruit. Cette description résumée par l'élève pourra être accompagnée d'un dessin du fruit.

Le maître parlera ensuite de la partie intérieure du fruit, de ses dispositions générales, des pépins, de leur arrangement autour du centre.

Deux coupes pourront être faites pour permettre de suivre cette description : une dans le sens de l'axe du fruit, l'autre perpendiculaire à cet axe.

A cet effet, le maître coupera donc le fruit par le milieu, suivant l'axe passant par la queue et le sommet du fruit.

Cette coupe donnera l'épaisseur de la peau, de la partie charnue et le dessin formé par les fibres centrales et la zone des pépins.

Les deux morceaux du fruit pourront être réunis, et le maître fera une autre coupe dans le sens du grand diamètre. Cette coupe sectionnera par le milieu la coupe précédente qui lui est perpendiculaire.

Elle permettra d'étudier la disposition des pépins autour du centre, les alvéoles dans lesquelles ils sont enfermés et, si le fruit est de la nature de l'orange, le rayonnement des tranches.

Chacune de ces coupes donne lieu à un dessin placé immédiatement à côté du texte. Certaines parties trop petites pourront être représentées à part et plus grandes que nature.

2° *Un fer à repasser* (fig. I).

Il est facile de se procurer autant de modèles qu'il en faut pour que tous les élèves en aient un bien en vue. Le fer étant posé sur une table de manière à être vu du dessus.

L'attention des enfants devra être attirée sur les grandes proportions

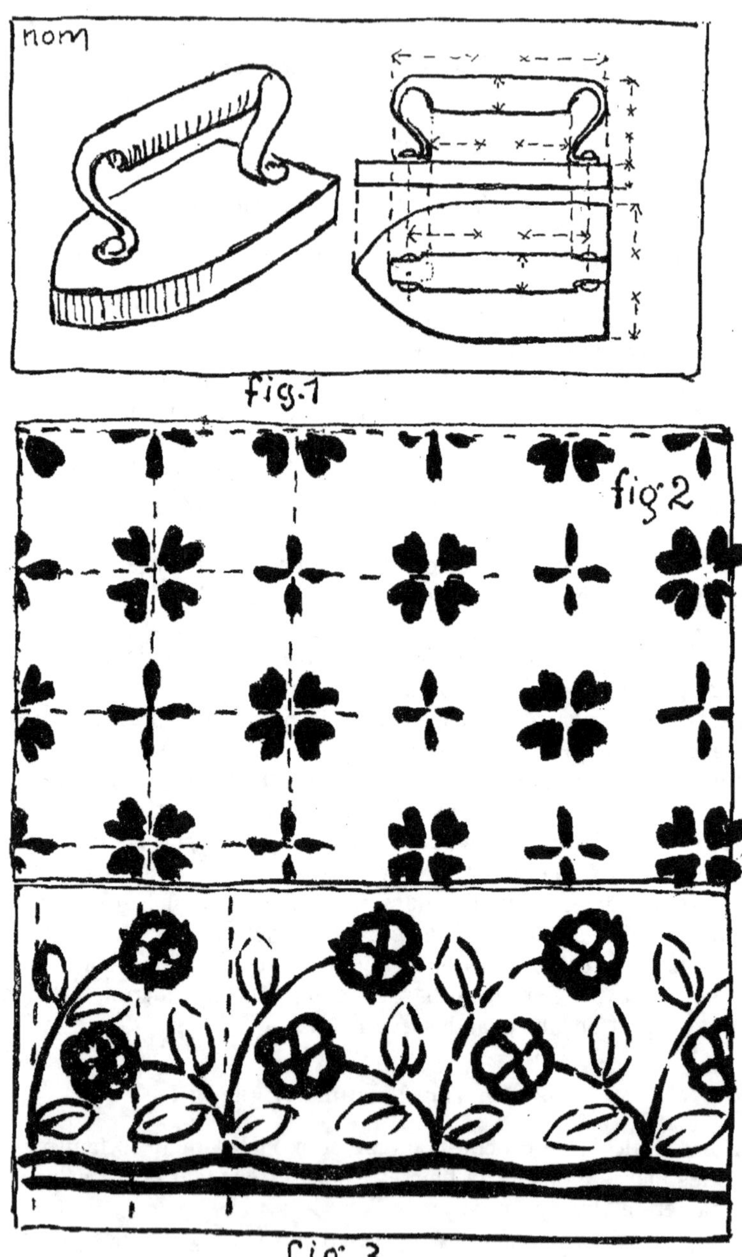

Exemples des croquis à tracer au tableau par le maitre.

du modèle, largeur, longueur, épaisseur et aussi sur les rapports entre la poignée et le corps.

Lorsque le dessin d'après nature sera terminé, les élèves auront à en faire un plan et une élévation, en procédant comme il a été fait pour la boîte, c'est-à-dire, en représentant d'abord le fer à repasser tel qu'il apparaît lorsque, étant posé sur la table, on se place exactement au-dessus pour le regarder (projection horizontale ou plan).

On suppose ensuite le fer à repasser vu par le grand côté en se plaçant exactement au même niveau (projection verticale ou élévation).

La projection horizontale, ou plan, nous donne la forme du fer, sa mesure en longueur et largeur, la forme de la partie antérieure, la longueur et la largeur de la poignée.

La projection verticale nous donne, comme la précédente, la longueur du fer et de la poignée, elle nous donne en outre l'épaisseur du fer et de la poignée, ainsi que la courbe exacte de cette dernière et son écartement du fer.

Les cotes devant être indiquées sur les dessins seront relevées sur le modèle par les élèves eux-mêmes.

COMPOSITIONS DÉCORATIVES

1° *Un jeu de fond* (fig. 2).

S'il est possible de se procurer quelques modèles d'étoffes ornées de jeux de fond très simples, pois ou fleurs conçus dans l'esprit de ce que nous proposons, il sera bon de les montrer aux élèves.

La composition que nous proposons est formée par la répétition de deux motifs.

Diviser la feuille de papier ou l'ardoise en un certain nombre de carrés, chaque carré mesurant de 4 à 6 centimètres de côté. Le tracé en sera fait très légèrement et sera effacé lorsque le dessin sera terminé.

Les élèves dessineront deux motifs (rosaces) et les feront alterner en prenant comme points de repère les angles des carrés.

Ils pourront encore ne prendre le point de repère sur l'angle que pour un motif et placer le deuxième dans l'intérieur du carré.

Cette disposition, bien comprise, donne toujours des résultats intéressants, mais elle exige une certaine attention.

Les espaces compris entre les rosaces peuvent être décorés, mais alors il ne faut donner à ces parties qu'une décoration très sobre de manière à laisser la plus grande importance aux rosaces.

Se limiter à un très petit nombre de tons. Ce jeu de fond peut même être exécuté en camaïeu, c'est-à-dire avec une seule couleur plus ou moins foncée dans les différentes parties de la composition.

2° *Une bordure* (fig. 3).

La bordure proposée aurait pour but la décoration de la partie inférieure d'une tapisserie ou d'un tablier et devrait pouvoir s'éxécuter soit en impression, en broderie ou en tapisserie.

Après avoir tracé légèrement une ligne horizontale qui, sur la feuille de papier devra se trouver à environ 3 ou 4 centimètres du bord inférieur, reporter sur cette ligne une mesure qui sera contenue cinq ou six fois dans la longueur totale. Sur ces divisions, tracer très légèrement des verticales (voir fig. 3).

Ensuite, disposer des tiges inclinées sur les divisions, de telle manière que la tige de la première division aboutisse sur la division suivante et à une hauteur convenable, environ deux fois la séparation de deux divisions. La deuxième tige partira de la troisième division et ainsi de suite. Un ou plusieurs groupes de fleurs pourront orner chaque tige ; le maître en indiquera au moins deux, un à l'extrémité de la tige, l'autre plus bas et du côté opposé à l'inclinaison.

Tout en conservant les données générales indiquées, la plus grande liberté doit être laissée aux enfants pour le choix des éléments et pour l'emploi des couleurs.

══════ *Description des planches de dessins.* ══════

ÉTUDES D'APRÈS NATURE

Fig. 14. — **Un verre à boire et une pomme.** Dessin aux crayons de couleur. Quelques indécisions dans l'exécution du verre. Les couleurs jaune et rouge de la pomme sont bien traduites. La reproduction donne bien l'impression souple du dessin original. Provient du département de la Marne. Age de l'élève, 12 ans. Note 17.

Fig. 15. — **Un verre et un citron.** Ce dessin exécuté avec les mêmes moyens que le précédent, présente plus de sécheresse que ce dernier. Les lignes comptent trop. Aucune ombre, ni aucun reflet traduisant la forme et la matière du verre. Cependant le caractère général est traduit par l'exactitude du dessin et des proportions. Provient du département d'Oran. Age de l'élève indigène, 15 ans. Note 15.

Fig. 16. — **Un maillet.** Croquis perspectif et croquis coté. Bonne description de l'objet étudié. La présentation est assez claire et les cotes sont bien indiquées. Provient du département de Lot-et-Garonne. Age de l'élève, 13 ans 1/2. Note 16.

Fig. 17. — **Un marteau.** Croquis perspectif et croquis coté. Dessin satisfaisant et bien présenté dans la feuille. Le croquis perspectif laisse cependant à désirer. Provient du département de la Nièvre. Age de l'élève, 12 ans. Note 14.

COMPOSITIONS DÉCORATIVES.

Fig. 18. — **Bordure ornée avec des quatre-lobes.** Bien que les éléments décoratifs soient naïvement dessinés et répartis, l'effet produit est agréable.

Le fond des quatre-lobes et les filets latéraux sont jaune soufre, le fond de la bordure gris violacé assez chaud, les feuillages vert et les fleurettes ocre rouge clair. Provient de l'Indre. Age de l'élève 11 ans 1/2. Note 16.

Fig. 19. — **Bordure ornée avec des quatre-lobes.** Cette composition plus indécise que la précédente, a, par contre, plus de finesse. Les quatre-lobes sont plus apparents sur le dessin original qu'ils ne le sont ici. Coloration originale. Fond des quatre-lobes jaune vieil or, fond de la bordure bleu gris, fleurs blanches avec l'extrémité des pétales rose foncé, feuilles vert froid. Provient du Jura. Age de l'élève, 12 ans. Note 16.

Fig. 20. — **Bordure ornée avec des quatre-lobes.** L'harmonie sourde et originale de cette composition en fait le principal mérite. Sur un fond bleu intense, presque noir par endroits, les ornements se détachent en valeur plus claire, les feuilles vert froid, les fleurs rouge écarlate et la ligne limitant les quatre-lobes ainsi que les filets latéraux vermillon amorti. Provient de Maine-et-Loire. Age de l'élève, 11 ans. Note 17.

Fig. 21. — **Décor d'un plat.** Composition intéressante par le dessin des détails quoique ceux-ci soient un peu trop maigres. Il eût fallu amplifier certaines parties pour les faire dominer. Ici tous les éléments sont de même importance et la disposition seule est décorative. Colorations agréables, fond gris perle, fruits rouge foncé, feuilles vert chaud et filets jaune vieil or. Provient du département de la Loire. Age de l'élève 14 ans. Note 15.

Fig. 22. — **Composition conçue pour être exécutée en broderie anglaise.** Dans ce cas, il faudrait plus de régularité dans le découpage des festons et étudier la forme des feuilles et des fleurs. La distribution et l'importance de ces éléments décoratifs sont satisfaisantes. Provient du département de l'Indre. Age de l'élève, 12 ans. Note 15.

DESSINS FAITS LIBREMENT HORS LA CLASSE

Fig. 23. — **Le moulin de mon village.** Dessin rehaussé de crayons de couleur. Les rehaussés de couleur sont peu importants. Quelques notes de rouge sur les toits, de vert sur les arbres, de jaune sur les roseaux et de bleu pour colorier l'eau. Provient du département de la Drôme. Dessin très satisfaisant de la part d'un enfant de 9 ans. Note 16.

Fig. 24. — **Paysage de mai.** Dessin rehaussé de crayons de couleur. Intéressante composition, résultant d'observations intelligentes faites d'après nature. La succession des différents plis du terrain est bien indiquée et l'ensemble présente une certaine grandeur. L'opposition des parties claires et foncées est moins brutale sur l'original que sur la reproduction. Provient du département des Basses-Alpes. Age de l'élève, 11 ans 1/2. Note 17.

Bien qu'à toute époque de l'année les enfants puissent imaginer scènes et paysages les plus variés, il vaut mieux les inciter à dessiner ces scènes et ces paysages aux moments opportuns, c'est-à-dire quand les circonstances et les saisons leur permettent de les observer. On pourrait trouver déplacé ce paysage de mai (fig. 24) parmi les dessins de novembre si nous ne prévenions le lecteur que les dessins libres, contenus dans ce recueil, ne sont pas placés dans un ordre absolu. Ces derniers ont seulement été choisis de façon à présenter le plus de variété possible.

Fig. 25. — **La foire aux cochons.** Amusant dessin et très mouvementé. La reproduction en est malheureusement un peu grise. Provient du Cantal. Age de l'élève 13 ans. Note 17.

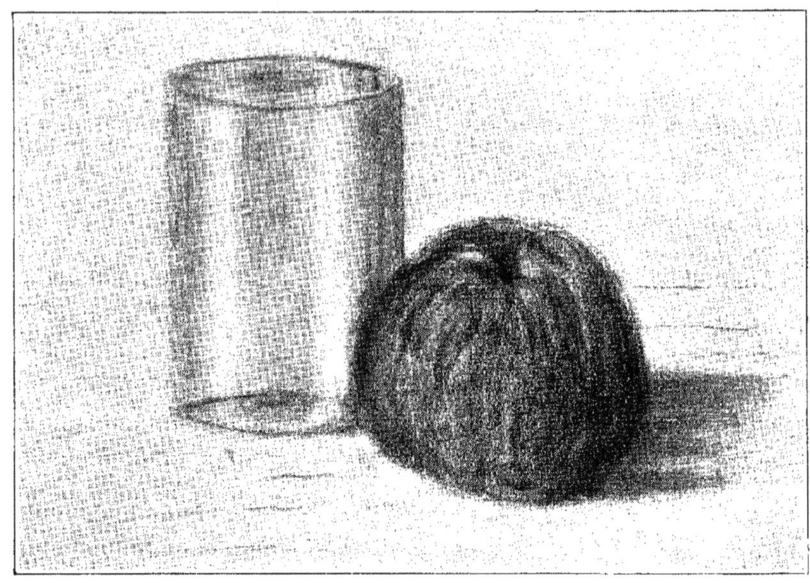

Fig. 14. — Étude d'après nature. Dessin à la mine de plomb et aux crayons de couleur. Réduction à moitié de l'original.

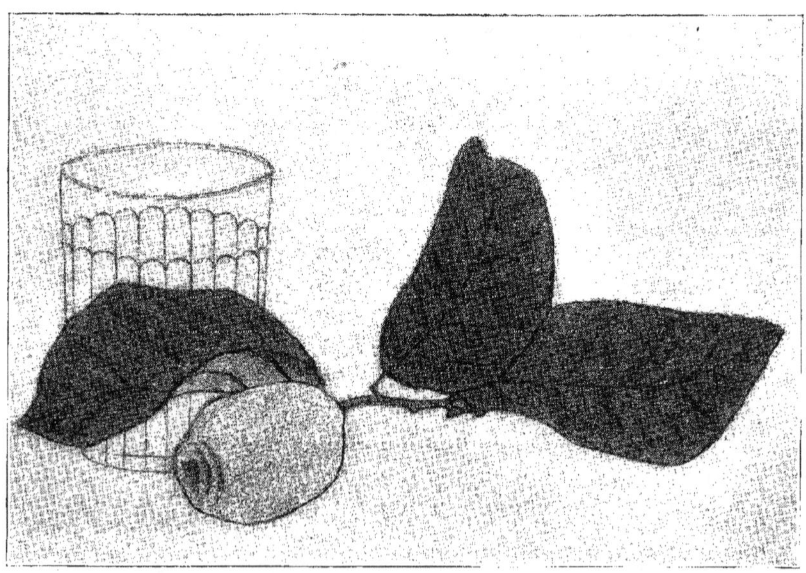

Fig. 15. — Étude d'après nature. Dessin à la mine de plomb rehaussé de crayons de couleur. Réduction aux deux cinquièmes de l'original.

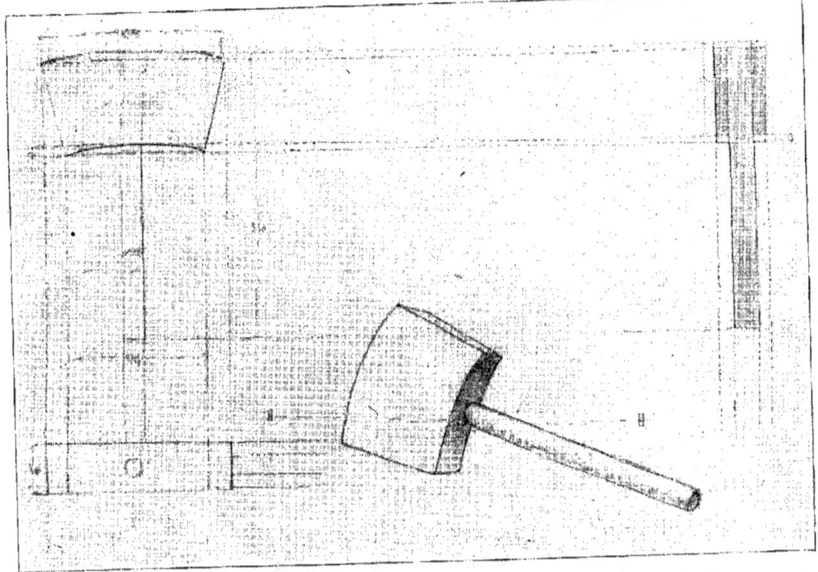

FIG. 16. — Étude d'après nature. Croquis à la mine de plomb. Réduction au tiers de l'original.

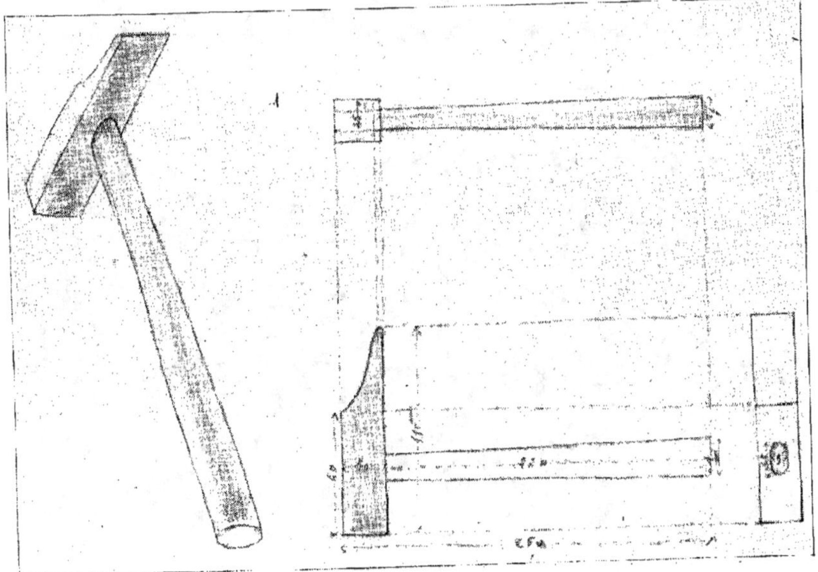

FIG. 17. — Étude d'après nature. Croquis à la mine de plomb. Réduction au tiers de l'original.

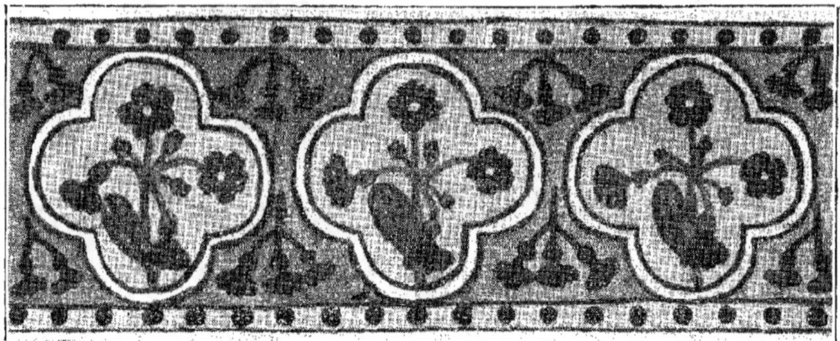

FIG. 18. — Bordure. Dessin aquarellé. Réduction au tiers de l'original.

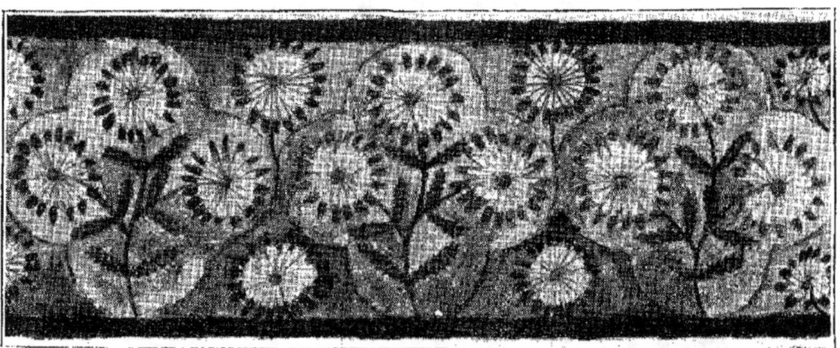

FIG. 19. — Bordure. Dessin aquarellé. Réduction au tiers de l'original.

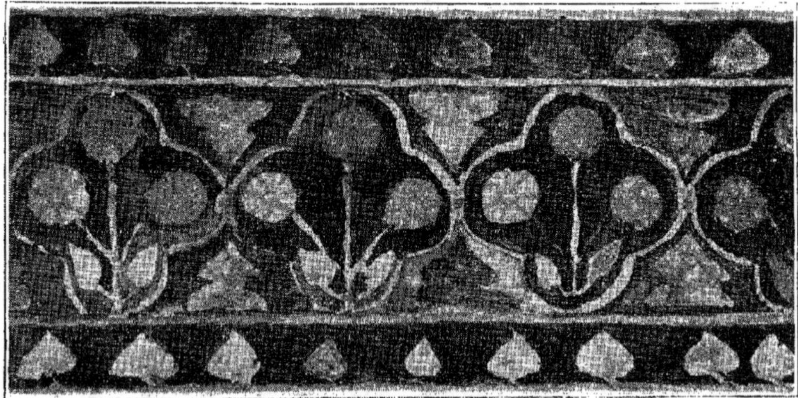

FIG. 20. — Bordure. Dessin aquarellé. Réduction au tiers de l'original.

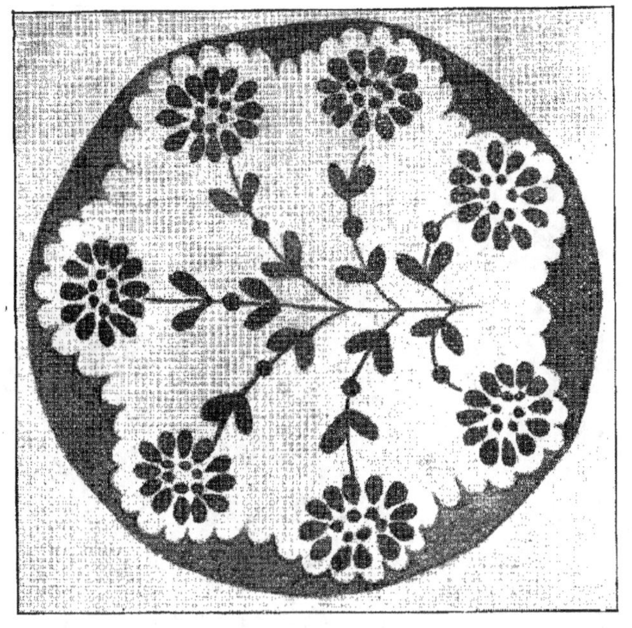

Fig. 22. — Décoration d'un cercle dans le sens vertical.
Dessin aquarellé. Réduction au tiers de l'original.

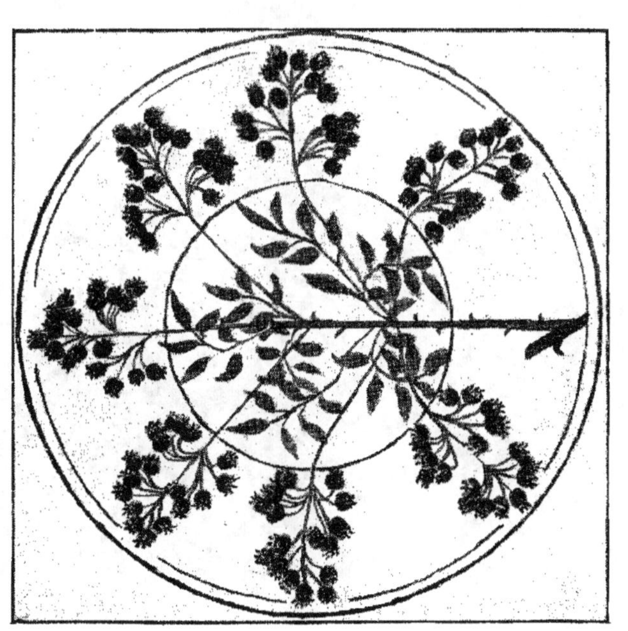

Fig. 21. — Décoration d'un cercle dans le sens vertical.
Dessin aquarellé. Réduction au tiers de l'original.

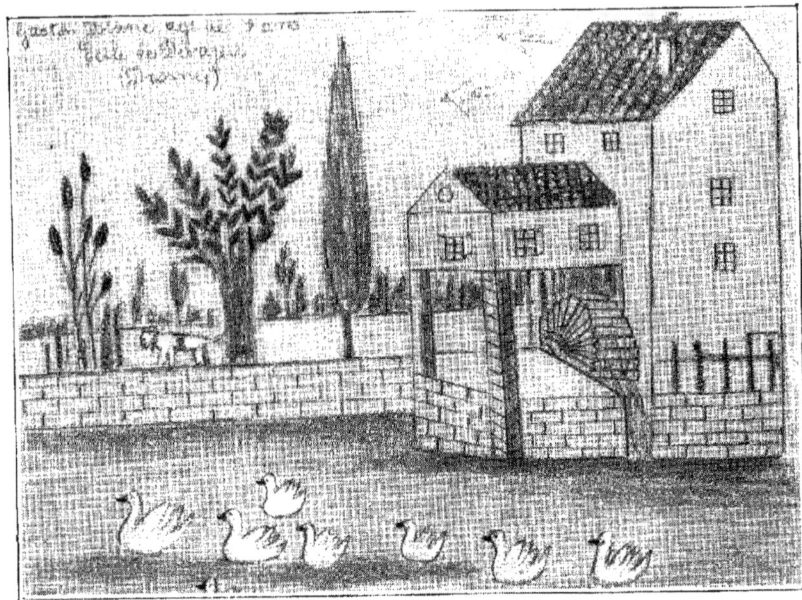

Fig. 23. — *Le moulin de mon village*. Dessin à la mine de plomb, sur papier gris et
rehaussé de crayons de couleur. Réduction au tiers de l'original.

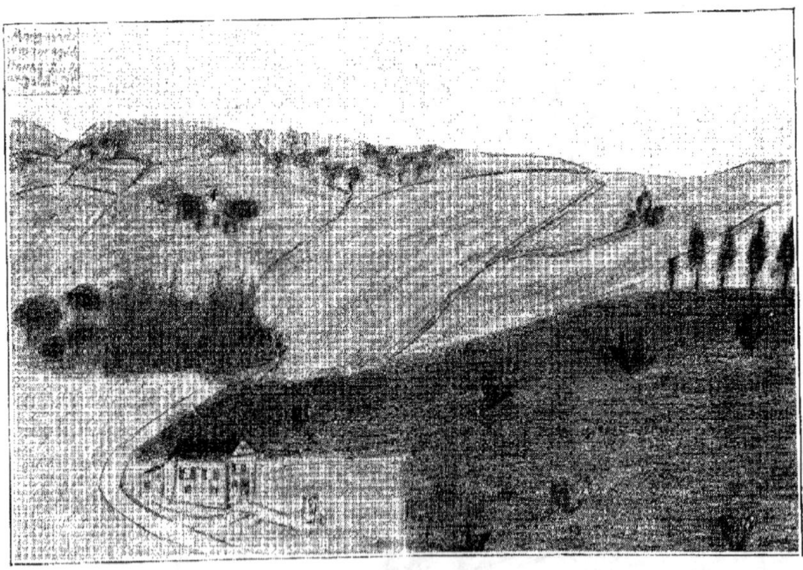

Fig. 24. — *Paysage de mai*. Dessin à la mine de plomb sur papier jaune rehaussé
de crayons de couleur. Réduction au tiers de l'original.

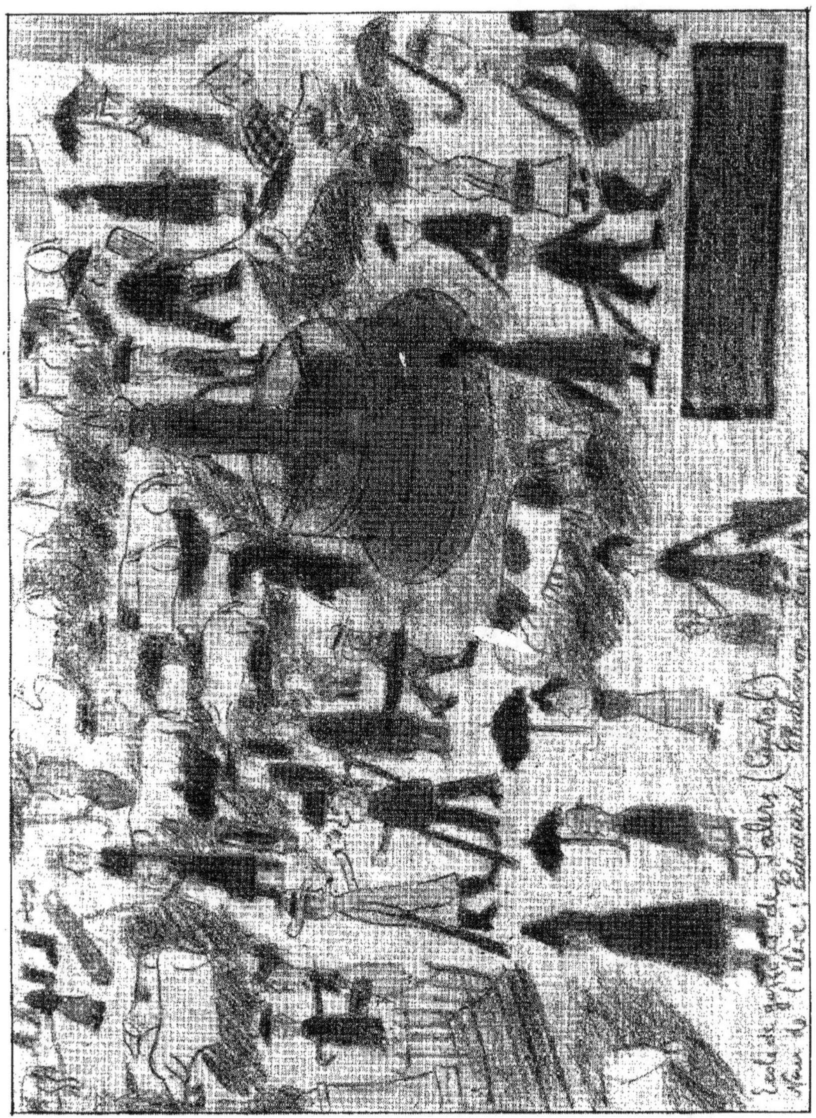

Fig. 25. — La foire aux cochons. Dessin à la mine de plomb rehaussé de crayons de couleur.
Réduction aux deux cinquièmes de l'original.

Première série.

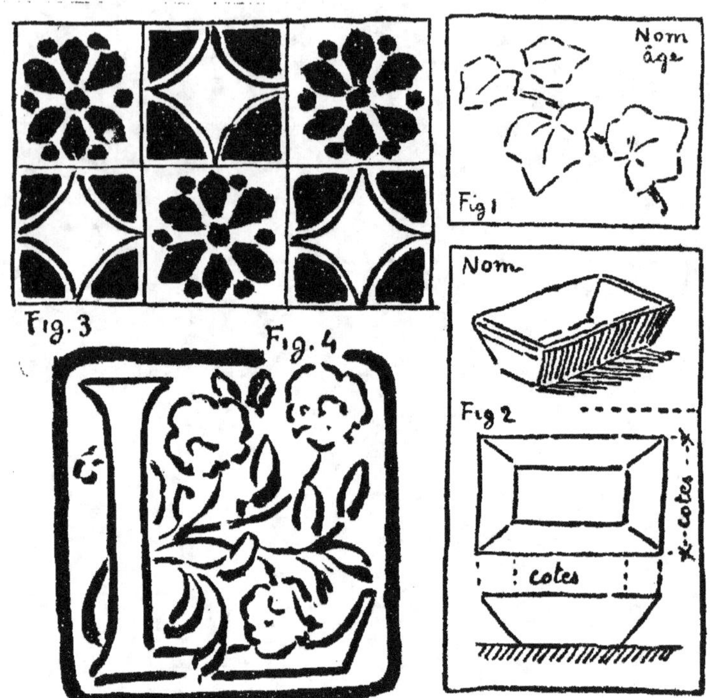

Exemples des croquis à tracer au tableau par le maître.

ÉTUDES D'APRÈS NATURE

I° *Une brindille de feuillage.*

Le sujet devra être simple, trois ou quatre feuilles de lierre, de gui, de houx, de fusain ou autres plantes d'hiver, se détachant sur le fond du papier, format quart Ingres. Ne faire aucune ombre portée du modèle sur le fond. Les dessins seront, au gré des élèves, exécutés aux crayons de couleur ou à l'aquarelle.

Le maître trace au tableau un croquis (fig. 1) pour rappeler qu'avant de chercher à reproduire les détails, il faut d'abord observer avec attention le geste, le mouvement et les grandes proportions. De cette observation préalable, quand elle est bien traduite par un croquis (fig. 1) appelé *mise en place*, résulte le *caractère*, c'est-à-dire la qualité principale d'un dessin.

2° Une auge de maçon ou tout autre objet, boîte, de forme analogue.

La forme simple de cet objet en fait un excellent modèle. Les élèves feront un croquis perspectif et un croquis coté du modèle proposé. La figure 2 montre la disposition dans la feuille, mais cette disposition peut être modifiée suivant la forme du modèle et sa représentation perspective.

COMPOSITIONS DÉCORATIVES

1° Un jeu de fond formé par deux carreaux de faïence alternés.

Les carreaux de forme carrée qui composeront ce jeu de fond mesureront 9 centimètres de côté et l'on en représentera six, ainsi que l'indique le schéma (fig. 3), afin de pouvoir apprécier l'effet d'ensemble. La décoration de ces deux carreaux se composera : pour l'un, d'une rosace à six pétales, et, pour l'autre, d'une combinaison géométrique très simple Cette combinaison pourra être celle-là même proposée par le croquis (fig. 3), ou du moins les élèves ne devront pas trop s'écarter de cette disposition. La variété dans ces dessins de carrelage sera obtenue par le caractère des rosaces, lesquelles seront dissemblables par leurs dimensions, par la forme des pétales et leur coloration. Cette coloration sera limitée à deux tons, un bleu tirant sur le violet (outre-mer) et un bleu tirant sur le vert (bleu de prusse). La qualité de ces deux bleus, leur valeur relative, c'est-à-dire leur intensité, est laissée au goût personnel des élèves.

2° Une lettre ornée.

Cette lettre sera inscrite dans un carré mesurant 20 centimètres de côté. Les enfants pourront adopter leur initiale ou toute autre lettre. La lettre, motif principal, doit être très apparente et de forme absolument simple. Elle peut être rehaussée d'un large sertis afin d'être plus lisible. Les belles majuscules romaines sont d'excellents exemples à proposer. Le fond sera décoré d'éléments naturels : feuilles, fleurs, papillons, etc.... En recommandant aux élèves une coloration assez simple, trois ou quatre tons, nous leur laissons toute liberté pour le choix de ces tons : ne pas craindre la hardiesse dans la coloration. Montrer, à titre d'exemple, si l'on en a la possibilité, les belles lettres majuscules décorant l'en-tête des chapitres dans les anciens missels.

Les compositions décoratives, commencées en classe, peuvent être étudiées et terminées hors la classe. Ce mode d'exécution offre l'avantage de donner à l'élève le temps et la liberté nécessaires à des recherches personnelles.

DESSIN DE MEMOIRE

Nous recommandons de fréquents exercices de mémoire. Ceci peut ne pas être l'objet d'une classe spéciale ; mais, à la fin d'un cours, d'une leçon, alors qu'un devoir est achevé et que les élèves disposent de quelques minutes, on leur demande de reproduire en un croquis rapide la forme d'un objet étudié précédemment ou la disposition d'une composition décorative faite antérieurement.

DESSINS LIBRES ET DEVOIRS ILLUSTRÉS

Rappelons que les sujets proposés doivent toujours être choisis parmi ceux dont l'action bien définie puisse être facilement imaginée par l'enfant, ou parmi les scènes qu'il a pu observer directement. Une causerie préalable, une leçon de choses faites en classe sont la meilleure préparation aux dessins faits librement hors la classe.

Les noms des élèves, leur âge et la provenance des dessins doivent être inscrits en petits caractères dans un angle de la feuille.

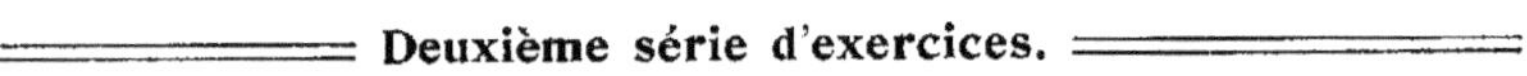

Deuxième série d'exercices.

ÉTUDES D'APRÈS NATURE

I° *Un ou plusieurs oignons* (fig. 4).

Ce modèle est facile à se procurer. Faire remarquer qu'un oignon a toujours une forme symétrique autour d'un axe, mais que, tout en ayant les mêmes caractères généraux, aucun n'est parfaitement semblable à l'autre, ni comme forme, ni même comme couleur. Établir les différences avec d'autres éléments de forme ronde : oranges, pommes, etc.... Les

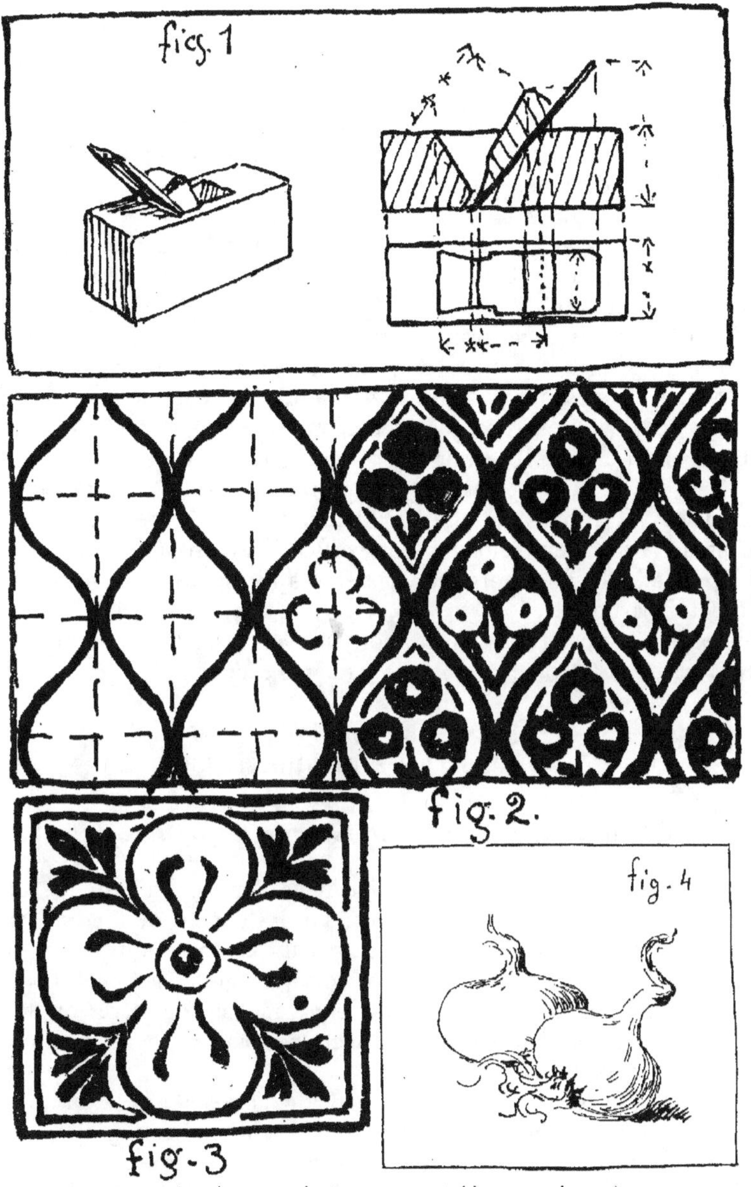

Exemples des croquis à tracer au tableau par le maître.

élèves plus exercés ou mieux doués pourront grouper deux ou trois oignons, qu'ils placeront à leur gré pour en faire le dessin.

2° *Un rabot* (fig. 1).

Le modèle étant placé bien en vue de tous les élèves, le maître en fait une description sommaire et explique son emploi et sa grande utilité dans le travail du bois.

Les élèves sont alors invités à en faire le dessin.

Lorsque le dessin à vue est terminé, le maître, avant de demander l'exécution du croquis coté, reprend le modèle et complète sa description. Il démonte au besoin le rabot, fait bien remarquer à chacun comment il est percé, la forme de la mortaise destinée à recevoir le fer et le coin ainsi que la manière dont on dispose ces derniers.

Lorsque les élèves ont observé et compris la construction du rabot, ils sont invités à en représenter d'abord une projection sur le plan vertical, ensuite une projection sur le plan horizontal.

La projection sur le plan vertical, ou élévation, fera comprendre le mécanisme du rabot. A cet effet, celui-ci devra être supposé coupé dans le sens de la longueur selon un plan vertical et de front.

Le plan et l'élévation terminés, les élèves indiqueront les mesures des différentes parties.

Si l'on ne disposait pas d'un rabot, une leçon analogue pourrait être faite avec un autre objet usuel, par exemple : un soufflet.

COMPOSITIONS DÉCORATIVES

1° *Un jeu de fond avec alternance de motifs* (fig. 2).

Le maître indiquera aux élèves la manière de construire le dispositif géométrique sur lequel il devront composer leur jeu de fond : Tracer légèrement un quadrillage dont les carrés auront environ de 3 à 6 centimètres de côté, puis des courbes se raccordant à l'intersection des carrés.

Les enfants pourront avoir le choix entre le tracé de carrés ou de rectangles disposés en hauteur, ces derniers pourront donner à la composition un peu plus d'élégance.

Lorsque le schéma sera tracé, il faudra effacer les lignes du quadrillage. Il restera une succession de figures géométriques régulières qu'il s'agit de décorer. Le maître pourra, comme dans le schéma proposé, montrer aux élèves un ou deux exemples d'ornementation: il leur montrera notamment comment le même motif peut donner deux apparences différentes, en faisant alterner sa couleur avec celle du fond et réciproquement, comme dans le schéma que nous avons proposé.

Ces explications et ces figures étant comprises par les élèves, le maître effacera les ornements floraux qu'il n'avait dessinés qu'à titre d'indication en laissant subsister la combinaison géométrique que les élèves devront copier. Ils imagineront ensuite les éléments décoratifs qui serviront à l'ornementation.

Le maître s'assurera que les élèves ont tracé assez correctement la construction géométrique. La plus grande liberté leur sera laissée quant au choix des éléments floraux et de leur coloriage. Ce travail pourra être terminé hors de la classe.

2° *Une rosace inscrite dans un carré* (fig. 3).

Cette rosace aux couleurs vives pourrait être exécutée en faïence ou en peinture à plat et être utilisée dans la décoration murale.

Inscrire d'abord un cercle dans un carré. Diviser le cercle en 4 parties égales. Chacune de ces parties recevra un même motif de décoration. Ce motif pourra être une combinaison géométrique, un arrangement floral ou une combinaison d'éléments géométriques et floraux.

Un motif de décoration s'échappant de la rosace viendra se répandre dans les angles du carré et complétera ainsi l'ensemble de la composition. Autant que possible, l'ensemble des ornements partira du centre pour aller vers l'extérieur.

Il faut recommander aux élèves de s'abstenir d'éléments trop maigres, mais au contraire de les choisir larges et bien silhouettés.

Répétons que les élèves peuvent, pour cette composition, utiliser des couleurs vives, mais sans en exagérer le nombre : deux ou trois tons suffisent.

Description des planches de dessins.

ÉTUDES D'APRÈS NATURE

Fig. 26. — **Une brindille de feuillage**. Dessin rehaussé de crayons de couleur. Excellente étude finement observée et traduisant bien le caractère du modèle. Ici la recherche a été faite dans le sens de la forme plus que dans le sens de la couleur. Provient du département du Morbihan. Age de l'élève, 11 ans, note 19.

Fig. 27. — **Une brindille de feuillage**. Dessin rehaussé de crayons de couleur. Étude possédant les mêmes qualités que le précédent dessin. Cette tige de feuillage desséché est fort bien traduite, la figure 27 ne reproduit qu'imparfaitement le dessin original qui présente plus de fermeté. Provient du département des Bouches-du-Rhône. Age de l'élève, 13 ans. Note 19.

Fig. 28. — **Une brindille de feuillage**. Excellente étude de pissenlit, le caractère général de la forme et de la couleur a été bien observé. Provient du département d'Eure-et-Loir. Age de l'élève, 13 ans. Note 18.

Fig. 29. — **Une brindille de feuillage**. De même que les précédentes études cette branche de pois est parfaitement dessinée. Les différentes valeurs sont obtenues par le dépôt de la couleur à l'aquarelle. Provient du département de l'Oise. Age de l'élève 12 ans. Note 19.

Fig. 30. — **Une boite à anse**. Dessin perspectif et géométral. Excellente représentati n de l'objet étudié. Mais il s'agit ici d'un relevé en géométral fait à l'aide de la règle et de l'équerre et non plus seulement d'un simple croquis coté. Il est bon de pratiquer cet exercice de mise au net deux ou trois fois dans l'année et d'exécuter alors le dessin à une échelle déterminée. Provient du département de la Seine-Inférieure. Age de l'élève, 13 ans. Note 18.

COMPOSITIONS DÉCORATIVES

Fig. 31. — **Un carrelage**. Dessin aux pastels. La répartition des trois tons employés, bleu foncé, vert olive clair et blanc, est très heureuse. L'irrégularité même du dessin donne à l'ensemble un certain charme que n'aurait pas la même composition si elle était exécutée à la règle et au compas. Provient du département de l'Hérault. Age de l'élève, 11 ans. Note 17.

Fig. 32. — **Un carrelage**. Cette composition est moins simple que la précédente, la complexité des détails n'aboutit pas à un meilleur aspect décoratif. Au contraire, ce carrelage parait plus petit. La coloration, obtenue par l'emploi de deux bleus et d'un fond blanc amorti, est satisfaisante. Provient du département de la Somme. Age de l'élève, 13 ans. Note 15.

Fig. 33. — **Lettre ornée**. Reproduction d'une broderie de soie sur toile. Très jolie application du programme proposé. L'intelligente initiative de la maîtresse a abouti à un excellent résultat. Sur le fond de la toile grise, la lettre et le cadre se détachent en vermillon foncé, les fleurs violacées et les feuilles vert mousse. Provient de Seine-et-Marne. Age de l'élève, 13 ans. Note 18.

Fig. 34. — **Lettre ornée**. Les ornements de cette composition sont exécutés à l'aquarelle et le fond aux crayons de couleur. Lettre d'un noir chaud sur fond bleu de prusse grisâtre, feuilles vert gris, fleurettes violacées. L'ensemble est d'une harmonie originale. Provient du département de la Côte-d'Or. Age de l'élève, 13 ans. Note 18.

La lettre A de notre première page est due à un élève âgé de 12 ans.

DESSINS FAITS LIBREMENT HORS LA CLASSE

Fig. 35. — **Vue par la fenêtre**. Cette reproduction traduit fidèlement le dessin original. Cette vue, prise par la porte-fenêtre de la salle de classe, est non seulement pittoresque, mais elle donne bien l'impression de tristesse et de silence de la neige qui tombe. Provient du département de l'Ain. Age de l'élève, 12 ans. Note 20.

Fig. 36. — **Devoir illustré**. Les maîtres nous ont souvent signalé l'attrait qu'offre l'image pour l'illustration des devoirs. Cet attrait est si grand que, si l'on n'y prenait garde, bien des fois les enfants seraient entraînés à donner trop de place aux images. L'illustration d'un devoir n'en doit être que le complément, le corollaire et les croquis accompagnant un devoir ne doivent tenir qu'une place restreinte. La figure 36 montre le maximum permis pour une description par l'image. Le devoir illustré que nous publions est amusant et, sur l'original, les couleurs ajoutent au charme de la petite composition. Age de l'élève, 10 ans.

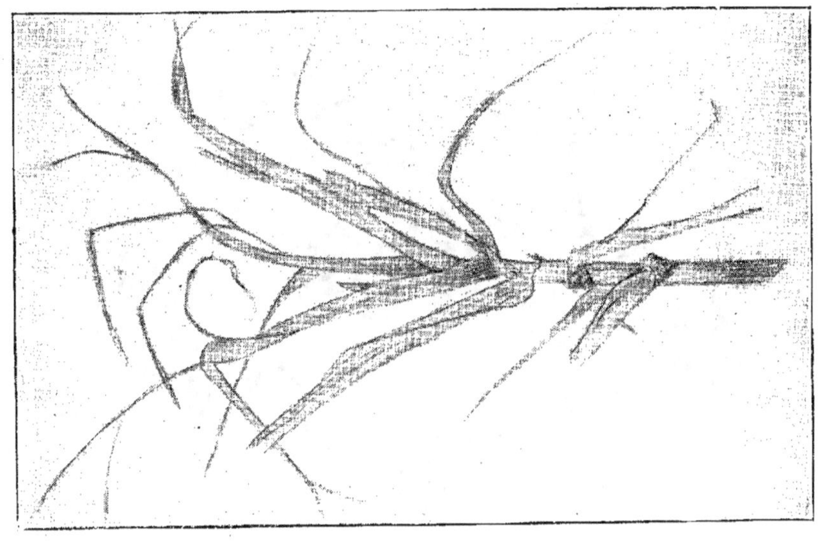

Fig. 27. — Étude d'après nature.
Dessin à la mine de plomb rehaussé de crayons de couleur.
Réduction au tiers de l'original.

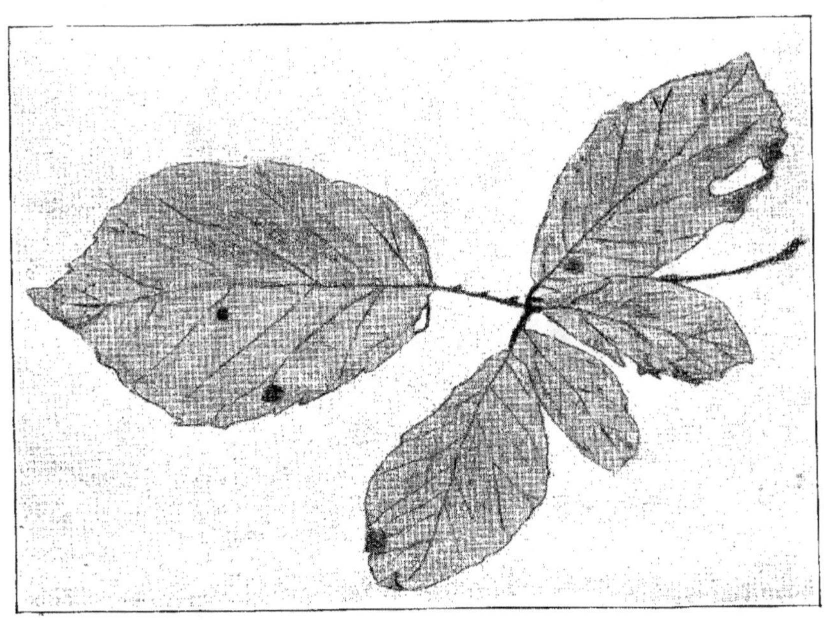

Fig. 26. — Étude d'après nature.
Dessin à la mine de plomb rehaussé de crayons de couleur.
Réduction à moitié de l'original.

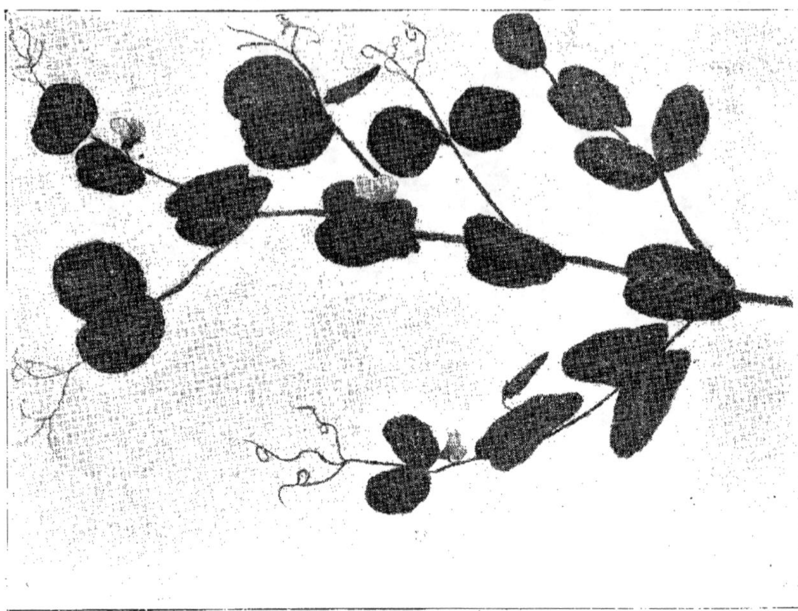

Fig. 29. — Étude d'après nature. Dessin aquarellé. Réduction au tiers de l'original.

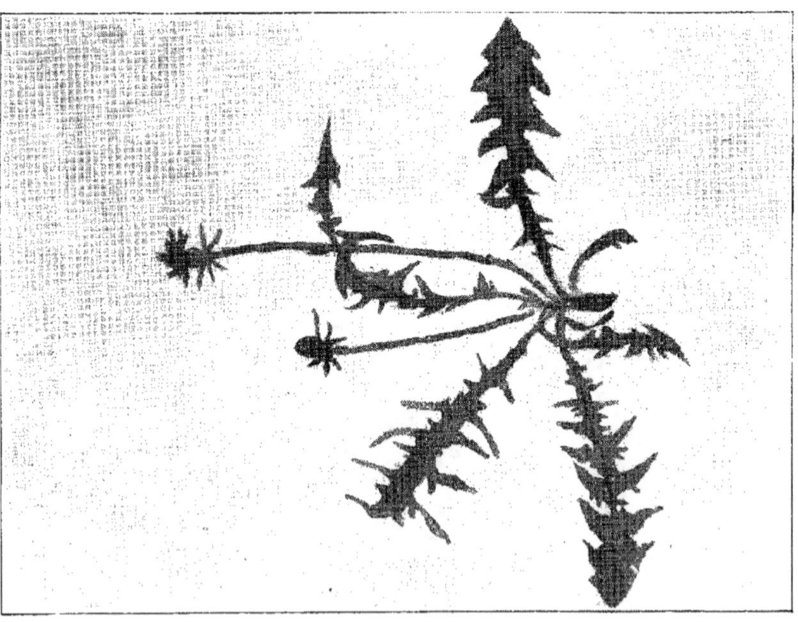

Fig. 28. — Étude d'après nature. Dessin aquarellé. Réduction aux deux cinquièmes de l'original.

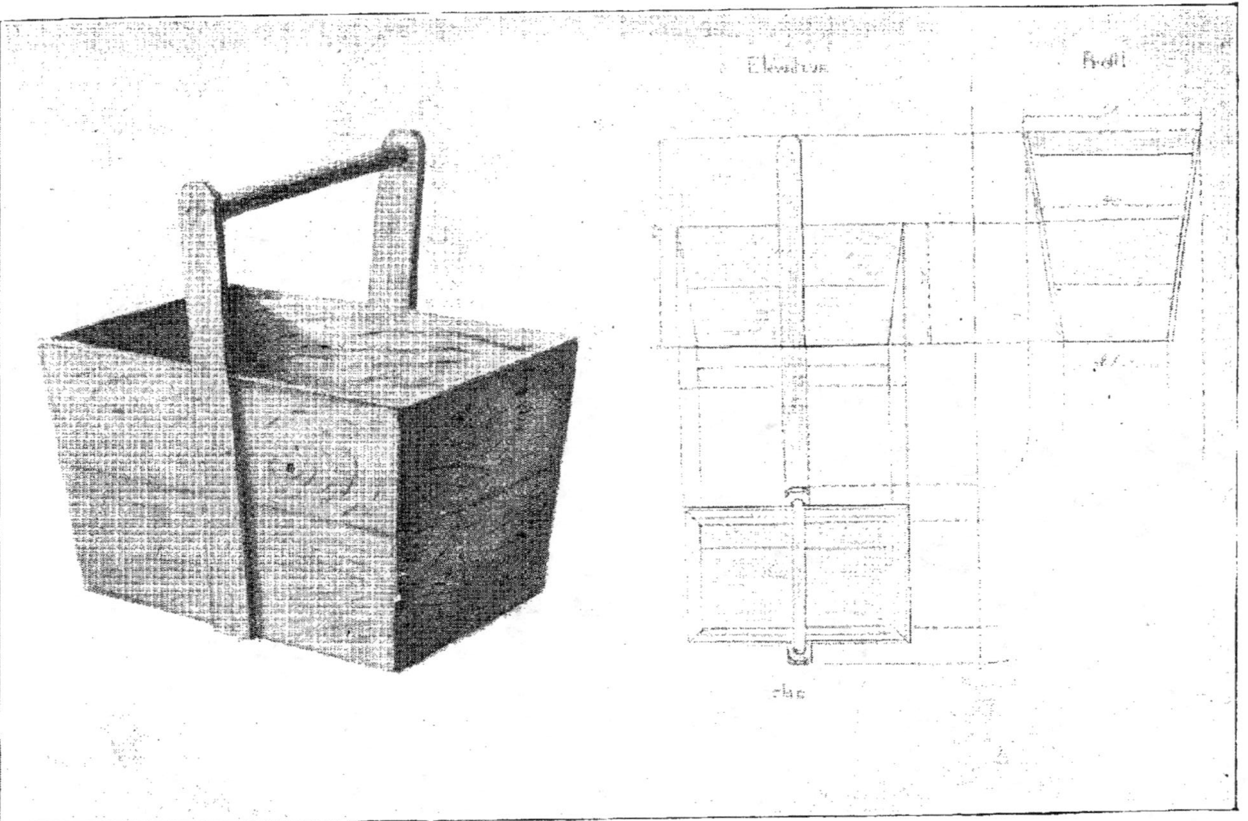

Fig. 30. — Étude d'après nature. Dessin aquarellé et croquis à la mine de plomb. Réduction aux deux cinquièmes de l'original.

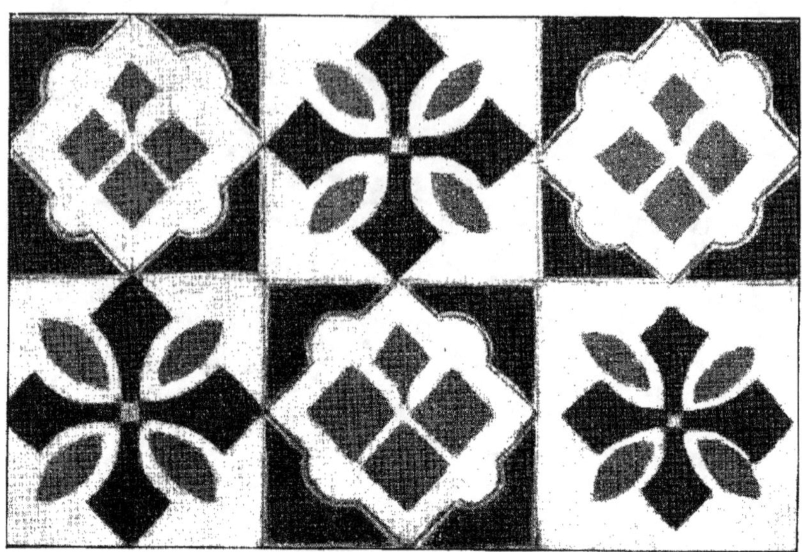

Fig. 31. — Un carrelage.
Dessin aux pastels. Réduction aux deux cinquièmes de l'original.

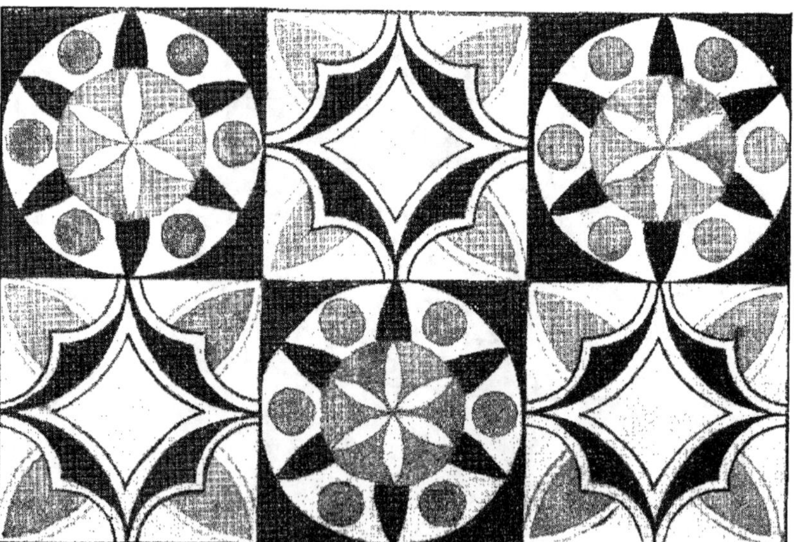

Fig. 32. — Un carrelage.
Dessin aquarellé. Réduction aux deux cinquièmes de l'original.

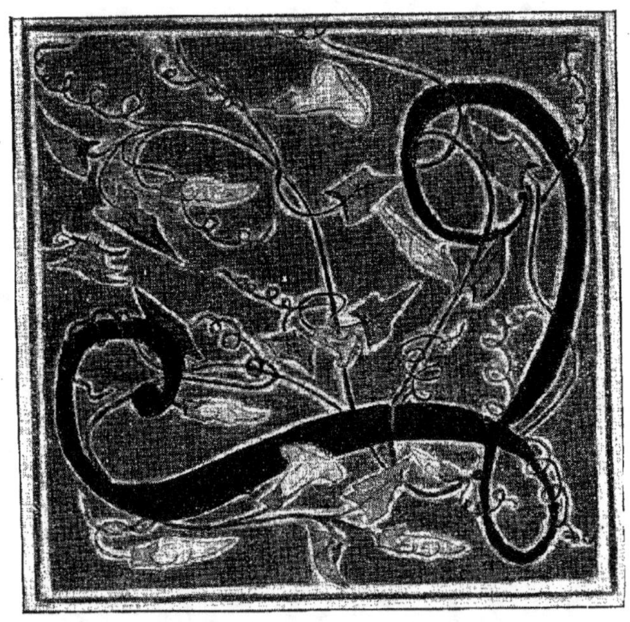

Fig. 34. — *Lettre ornée*. Aquarelle et crayons de couleur.
Réduction au tiers de l'original.

Fig. 33. — *Lettre ornée*. Broderie de soie sur toile.
Réduction aux deux cinquièmes de l'original.

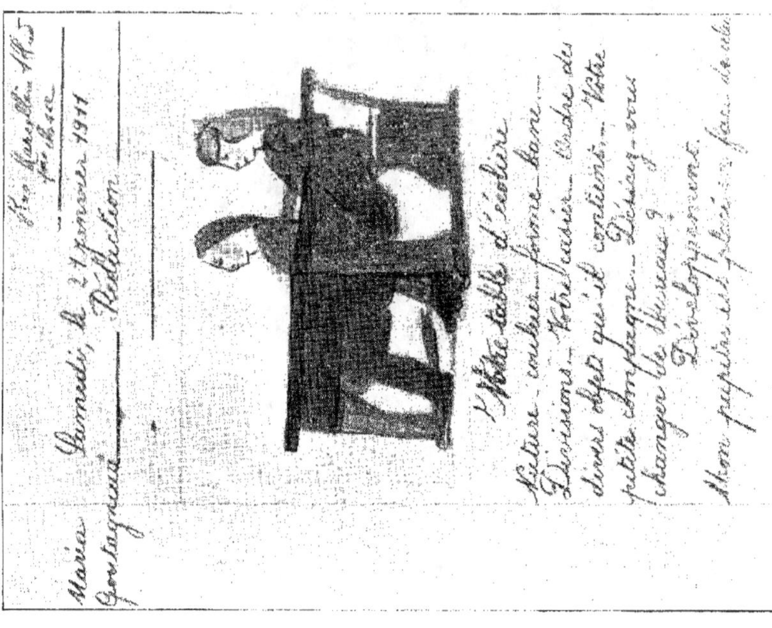

Fig. 36. — Devoir illustré. Dessin à la mine de plomb rehaussé de crayons de couleur. Réduction à moitié de l'original.

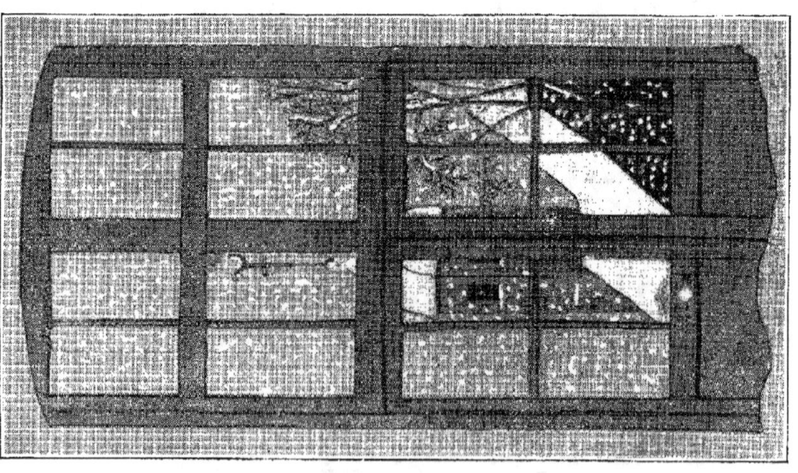

Fig. 35. — Dessin aquarellé rehaussé de gouache. Réduction aux deux cinquièmes de l'original.

Première série.

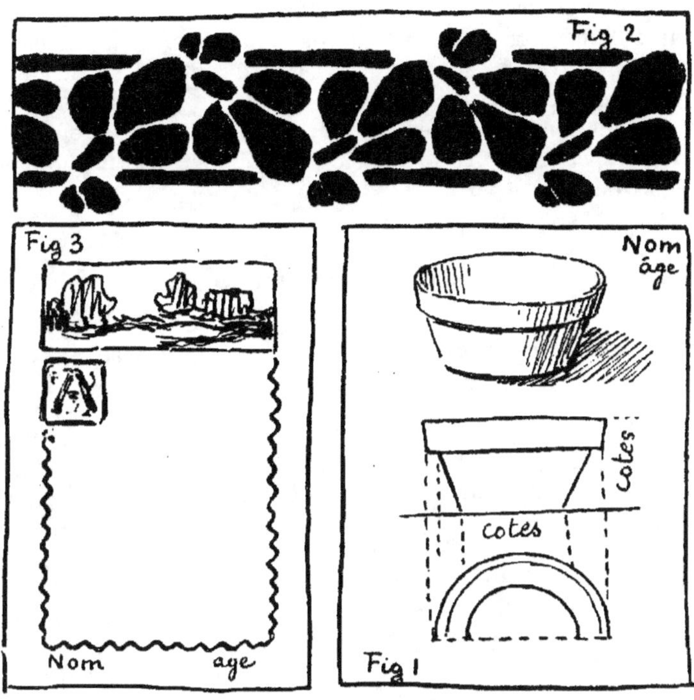

Exemples des croquis à tracer au tableau par le maitre.

ÉTUDES D'APRÈS NATURE.

1° Une brindille de bois mort.

Le maître demande aux élèves d'apporter, pour le jour de la leçon, des brindilles de bois coupées à l'extrémité de branches, de façon que ces brindilles présentent plusieurs attaches. Ces éléments naturels, qui serviront de modèles, doivent être aussi simples que le rameau de feuilles de lierre proposé comme modèle le mois dernier (Voir 3e note, page 34). Appeler l'attention des enfants sur les points d'attache des différents rameaux avec la branche principale. Format du dessin — demi ou quart de feuille Ingres.

2° *Une petite cuvette ou terrine de forme conique.*

Un dessin en perspective rehaussé de crayons de couleur ou d'aquarelle et un croquis coté du modèle seront faits ainsi qu'il est indiqué figure 1. Perspective et géométral peuvent être contenus sur une même feuille de format demi-Ingres.

Les élèves les plus expérimentés pourront être invités à représenter le croquis perspectif d'après le modèle placé obliquement par rapport à un plan horizontal.

COMPOSITIONS DÉCORATIVES

1° *Décoration d'un filet, ou bande, destiné à être exécuté au pochoir.*

Cette petite composition, d'une largeur de 9 centimètres environ, peut, à peu de frais, recevoir une application pratique pour la décoration des salles de classe ou des couloirs de la maison d'école. Ce projet est plus simple qu'une frise et par conséquent plus facilement réalisable. La place nous manque pour expliquer en détail comment l'on procède à la confection d'un pochoir; disons seulement que l'on découpe, dans une feuille de fort papier bristol ou de papier à peindre, le dessin qu'on veut répéter au moyen du pochoir. Le procédé du pochoir ne diffère pas de celui qui consiste à marquer sur les caisses d'emballage les mots : Haut, Bas, Fragile, etc. Ajoutons que, pour la confection d'un pochoir, il faut interrompre parfois le dessin pour ménager de place en place des tenons destinés à laisser à la feuille de bristol la résistance nécessaire. La réflexion et surtout l'expérience instruiront les maîtres qui seront tentés de réaliser les compositions exécutées dans leurs classes.

Pour l'exercice proposé ici, la figure 2 montre la disposition que devront suivre les élèves : deux feuilles sont placées alternativement l'axe ascendant et l'axe descendant, deux filets horizontaux figurent les tiges sur lesquelles sont attachées ces feuilles dont la nature est laissée au choix de chaque élève. Des graines ou des bourgeons placés de distance en distance complètent la composition. La coloration sera monochrome.

2° *Décoration d'une page.*

Cette décoration mesurera 24 centimètres sur 16. Elle sera composée, ainsi que l'indique la figure 3, d'un en-tête représentant un paysage, traité aussi simplement que possible, puis d'une lettre ornée et d'un filet d'encadrement. Les élèves peuvent ici donner libre cours à leur fantaisie pour la coloration. Si le maître a quelques exemples à sa disposition, livres anciens ornés de miniatures ou illustrations modernes, il est bon de les montrer aux élèves. Le croquis (fig. 3) n'est donné que pour fixer approximativement les rapports et proportions des divers éléments de la composition. Si un devoir scolaire peut fournir le thème du dessin placé en tête de la page, l'intérêt sera plus grand encore pour nos jeunes dessinateurs. Ces divers travaux peuvent être étudiés en partie hors la classe.

DESSIN DE MÉMOIRE

Faire exécuter en dix minutes et sous forme de croquis les exercices étudiés dans les séances précédentes.

DESSINS LIBRES ET DEVOIRS ILLUSTRÉS

Pendant le mois de janvier, il est opportun de profiter de ce que beaucoup d'enfants ont eu des jouets au moment des étrennes pour leur demander de dessiner librement leurs jouets de prédilection.

REMARQUES GÉNÉRALES

A. Nous exprimons aux maîtres notre satisfaction pour leurs efforts; qu'ils veuillent bien suivre d'assez près les indications fournies par le Bulletin. Les sujets proposés chaque mois sont choisis de façon à apporter le plus de variété possible dans les exercices qui se succéderont au cours de l'année, tout en tenant compte des circonstances inhérentes aux diverses saisons

La critique la plus fréquente que nous aurions à formuler porte sur les exercices de composition décorative. Les colorations manquent souvent de décision, de hardiesse. Puis les élèves semblent trop préoccupés de reproduire strictement tous les détails et toutes les ombres des éléments naturels qu'ils choisissent comme éléments décoratifs. Rappelons que si nous cherchons les thèmes des compositions décoratives dans la nature, nous devons en interpréter les formes et les couleurs, mais non nous appliquer à les reproduire sans en rien omettre comme le ferait un objectif photographique. En accolant jadis le mot *imitation* à l'étude du dessin, on a complètement faussé l'esprit qui doit guider cette étude. L'on ne doit pas chercher à copier, à imiter, mais à interpréter, à traduire.

B. Les dessins doivent être sobres d'inscriptions, seuls le nom de l'élève, son âge et la provenance du dessin doivent être mentionnés en petits caractères dans un angle de la feuille. La notation indiquée aussi discrètement que possible. Les cachets, les annotations manuscrites et les signatures des maîtres nuisent |toujours au bon aspect du dessin.

Nous avons pensé bien faire en laissant subsister ces remarques dans ce livre. Elles ont été publiées après trois mois d'exercice, en janvier 1911, dans les bulletins départementaux, mais peut-être fourniront-elles encore des suggestions utiles. En même temps que ces observations adressées aux maîtres, l'attention de MM. les inspecteurs primaires était appelée sur les mêmes points par la note suivante :

Remarques faites à propos des envois mensuels de dessins.

DESSINS D'APRÈS NATURE

L'observation des valeurs est souvent négligée dans les dessins exécutés au crayon noir, tel objet de couleur foncée est représenté comme s'il était de couleur blanche. D'autre part, le souci de la propreté, de la netteté d'exécution, de la pureté dans le tracé des lignes et dans le modelé préoccupe parfois trop. L'on ne peut exiger la perfection de la part de jeunes élèves, et l'impression d'un modèle, son caractère, peuvent être traduits dans l'ébauche naïve et incomplète de l'enfant. Considérons toujours l'âge de l'élève qui a produit le dessin.

COMPOSITIONS DÉCORATIVES

Les tonalités sont souvent pâles, effacées, fades. Là encore, le soin apporté à l'exécution semble être une des principales qualités recherchées. Il ne faut pas craindre la hardiesse des colorations quand celles-ci aboutissent à des harmonies puissantes, ni, à l'école primaire, considérer comme une faute capitale la maladresse d'exécution.

Les éléments décoratifs employés, fleurs, graines et fruits sont parfois exécutés avec un trop grand souci d'*imitation* ; des maîtres *recommandent* de reproduire ces éléments avec leurs vraies couleurs, alors que la décoration, œuvre d'*interprétation*, n'a qu'un but, auquel tout doit être subordonné : produire un effet agréable. L'on s'attache trop aux modelés, au trompe-l'œil, lesquels, dans ce cas, sont presque toujours d'un mauvais effet décoratif.

Les programmes de composition décorative proposés par les maîtres, en dehors de nos indications mensuelles, sont le plus souvent puisés dans des publications détestables par les banalités qu'elles publient. Ces publications faussent le goût de ceux dont elles prétendent faire l'éducation. L'on y trouve des couvertures d'albums de cartes postales, des vide-poches, des sachets à mouchoirs, des décors d'éphémérides, etc., tous sujets dont la composition, beaucoup trop difficile, ne peut qu'aboutir à de mauvais résultats chez de jeunes élèves. Partout, au contraire, où les thèmes proposés par le Bulletin ont été suivis de près, les exercices de composition sont meilleurs. La variété n'en subsiste pas moins, les éléments employés et les colorations étant partout différents.

DESSINS LIBRES ET DEVOIRS ILLUSTRÉS

C'est la partie du programme qui a donné jusqu'ici la moisson la plus abondante et la meilleure. Mais il faut constater que les dessins imaginés complètement par les enfants sont de beaucoup supérieurs comme qualité aux nombreuses copies d'images et aux dessins retouchés qui nous sont parvenus.

Un certain nombre de dessins faits librement hors la classe sont manifestement copiés sur des images. Que parfois l'élève s'inspire d'une gravure pour la représentation de détails, ce n'est pas mauvais, mais, en principe, il faut l'engager à imaginer lui-même son dessin. Une œuvre personnelle, si imparfaite qu'elle soit, est plus profitable qu'une copie servile.

Deuxième série d'exercices.

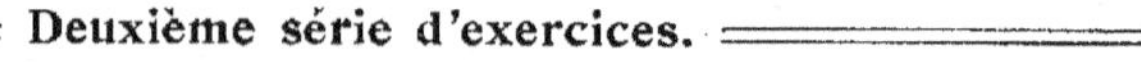

ÉTUDES D'APRÈS NATURE

1° *Une branchette de feuillage d'hiver.*

La saison rigoureuse limite le choix des éléments naturels à faire dessiner aux enfants ; si, dans quelques départements du midi, l'on dispose, toute l'année, de plantes et de fleurs, partout ailleurs l'on est moins favorisé. Cependant l'on peut trouver des feuillages d'hiver dont l'étude offre de l'intérêt : pin, sapin, cyprès, fusain, houx, buis, le gui tant en faveur auprès des enfants, ainsi que la variété inépuisable des feuilles sèches. Les conseils à donner sont de même nature que ceux indiqués précédemment pour des sujets analogues : brindilles de fleurs, de feuilles, de bois mort.

On pourra suppléer à la rareté des éléments naturels en proposant comme modèles un jouet, une poupée, des animaux en bois, une cocotte en papier, etc....

2° *Une grosse clef* (fig. 2).

Les élèves auront à exécuter d'après nature le dessin d'une grosse clef. Ils tiendront compte des proportions générales du modèle, ainsi que des rapports entre les diverses parties.

Ils auront ensuite à exécuter un croquis coté de cet objet.

Une projection de la clef vue par sa face antérieure donnera la forme de son pas dans la serrure.

Il conviendra d'indiquer, non seulement les cotes du manche, de la poignée et de l'ensemble de la clef, mais encore de ses découpures et de son pas.

D'autres modèles, tels des tenailles, petites pinces, etc., peuvent motiver des exercices analogues.

COMPOSITIONS DÉCORATIVES

1° *Une bordure* (fig. 3).

Cette bordure, destinée à être exécutée en étoffe appliquée et brodée, sera formée d'éléments très simples et très larges.

Le schéma de la composition sera construit de la manière suivante :

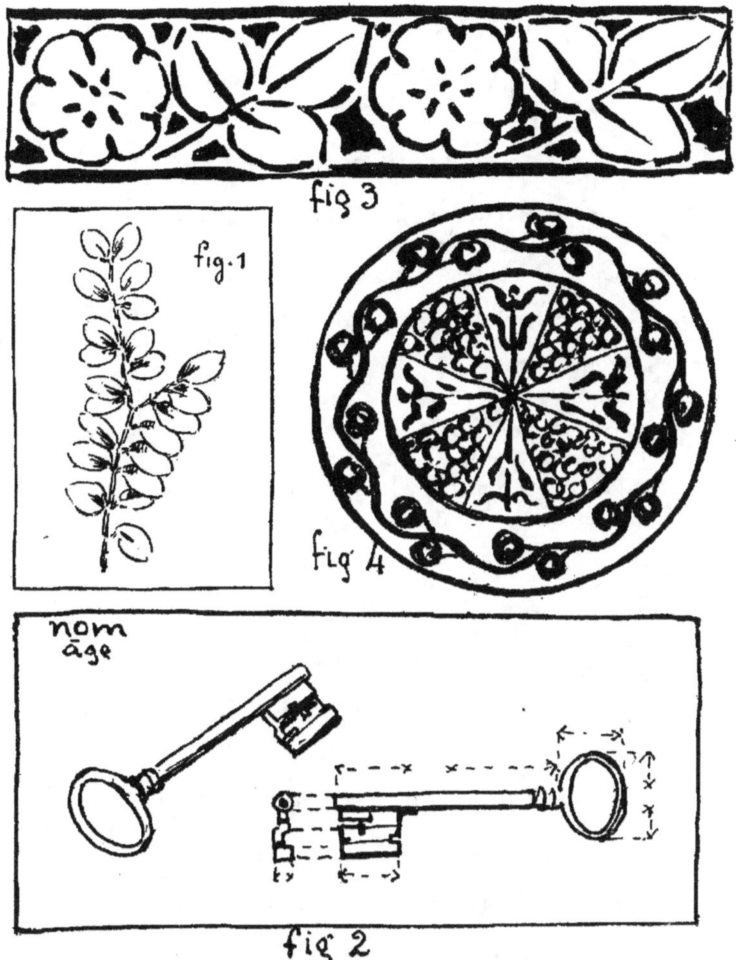

Exemples des croquis à tracer au tableau par le maître.

deux lignes horizontales parallèles distantes d'environ 6 ou 8 centimètres, indiqueront la largeur totale de la bordure.

Ces deux parallèles iront d'une extrémité à l'autre de la feuille l'espace compris entre elles sera divisé en un certain nombre de parties égales dont la largeur égalera à peu près une fois et demie la hauteur.

Une fleur très simple, disposée en rosace, sera dessinée sur chaque division, l'espace séparant les fleurs sera garni par une feuille largement dessinée et disposée obliquement entre deux fleurs.

Deux filets semblables, assez larges, limiteront les bords supérieur et inférieur de la bordure.

Trois tons seront employés.

2° *Un plat décoratif en grès émaillé* (fig. 4).

Si les élèves sont jeunes ou n'ont pas de compas à leur disposition, il sera bon de leur distribuer des feuilles de papier sur lesquelles on aura au préalable tracé deux cercles concentriques représentant le bord et le fond du plat. Ce tracé sera le plus grand possible dans la feuille.

Le bord, ou marli, pourra avoir une largeur égale au quart environ du diamètre du fond.

La décoration du fond affectera une forme rayonnante. A cet effet, la circonférence sera divisée en huit ou douze parties égales ou égales deux à deux. Ces divisions seront jointes avec le centre.

Deux motifs alterneront pour la décoration des secteurs obtenus. L'un pourra consister en un jeu de fond très simple, l'autre en un ornement floral.

Pour la décoration du marli, une branche ondulée et placée au centre de la largeur servira de support à des ornements floraux, graines, petites fleurettes ou simples points, dont le choix sera laissé à l'imagination des élèves.

Mêmes recommandations que précédemment pour la sobriété de la coloration.

═══════ Description des planches de dessins ═══════

ÉTUDES D'APRÈS NATURE

Fig. 37. — **Brindille de bois mort**. Nous n'avons absolument aucune critique à faire à propos de ce très bon dessin. La sécheresse même de l'exécution ajoute au caractère du sujet représenté. La couleur verdâtre de l'écorce et le ton rougeâtre du bois décortiqué sont également bien traduits. Provient de Saône-et-Loire. Age de l'élève, 12 ans. Note 20.

Fig. 38. — **Brindille de bois mort**. Ce dessin possède aussi de grandes qualités, les attaches des branchettes, les mousses recouvrant certaines parties, sont bien représentées. L'ensemble présente cependant plus de mollesse que le dessin précédent. Provient du département de l'Aube. Age de l'élève, 12 ans. Note 18.

Fig. 39. — **Brindille de bois mort**. Cette étude, faite avec plus d'habileté que les deux précédentes, a un moindre mérite artistique, parce que l'on y sent moins de sincérité d'observation. Pour nous servir d'un terme d'atelier, ce dessin a plus de *chic* que de qualités réelles et solides. Sur l'original, l'on peut constater l'évidence des retouches du maître, adroit aquarelliste. Provient du Loiret. Age de l'élève, 11 ans. Note 13.

Fig. 40. — **Une terrine**. Croquis perspectif et croquis coté. Ensemble bien compris et bien présenté dans la feuille Le croquis perspectif manque un peu de décision, mais cela s'explique par l'âge de l'élève. Provient du département de l'Allier. Age de l'élève, 10 ans. Note 17.

Fig. 41. — **Une terrine**. Croquis perspectif et croquis coté. Ensemble excellent à tous points de vue, la représentation en perspective est nette sans sécheresse, le croquis du plan et de l'élévation clairement indiqué. Les cotes sont très lisibles sur l'original. Provient des Basses-Pyrénées. Age de l'élève, 12 ans. Note 20.

COMPOSITIONS DÉCORATIVES

Fig. 42. — **Bande au pochoir**. La donnée du programme a été bien comprise dans cette composition qui présente une certaine liberté dans la répartition des feuilles et des fleurettes. Le ton rouge cerise amorti sur fond gris fait très bon effet. Provient du département des Vosges. Age de l'élève, 13 ans. Note 19.

Fig. 43. — **Bande au pochoir**. Cette composition a un caractère plus sévère que la précédente, mais son mérite n'en est pas moindre, ni l'effet moins heureux, sur un fond blanc jaunâtre, les ornements se silhouettent en bleu violacé foncé. Provient de l'Indre. Age de l'élève 12 ans. Note 19.

Fig. 44. — **Bande au pochoir**. Projet bien compris pour l'exécution, mais cette composition est moins étudiée que les deux précédentes, le dessin des feuilles manque de caractère. La coloration vert olive clair sur un fond couleur mastic est agréable. Provient de l'Orne. Age de l'élève, 13 ans. Note 16.

Fig. 45. — **Page ornée**. Reproduction d'une exquise composition révélant un sens artistique remarquable. Nous regrettons de ne pouvoir décrire le charme de la coloration chaude et délicate de l'original. Provient du département de l'Aisne. Age de l'élève, 14 ans. Note 20.

Fig. 46. — **Décoration d'une page**. Aquarelle. Charmante composition comptant autant par la couleur que par le dessin. La reproduction donne bien l'impression de l'original qui est très monté comme valeurs. Provient du Calvados. Age de l'élève, 12 ans. Note 18.

Fig. 47. — **Décoration d'une page**. Aquarelle. Composition présentant un tout autre caractère que les précédentes. Ici rien n'est limité de façon rectiligne et les tonalités sont plus claires et plus variées. Alors que la figure 46 présente un aspect sévère, celle-ci est gracieuse. Provient du département de l'Orne. Age de l'élève, 13 ans. Note 19.

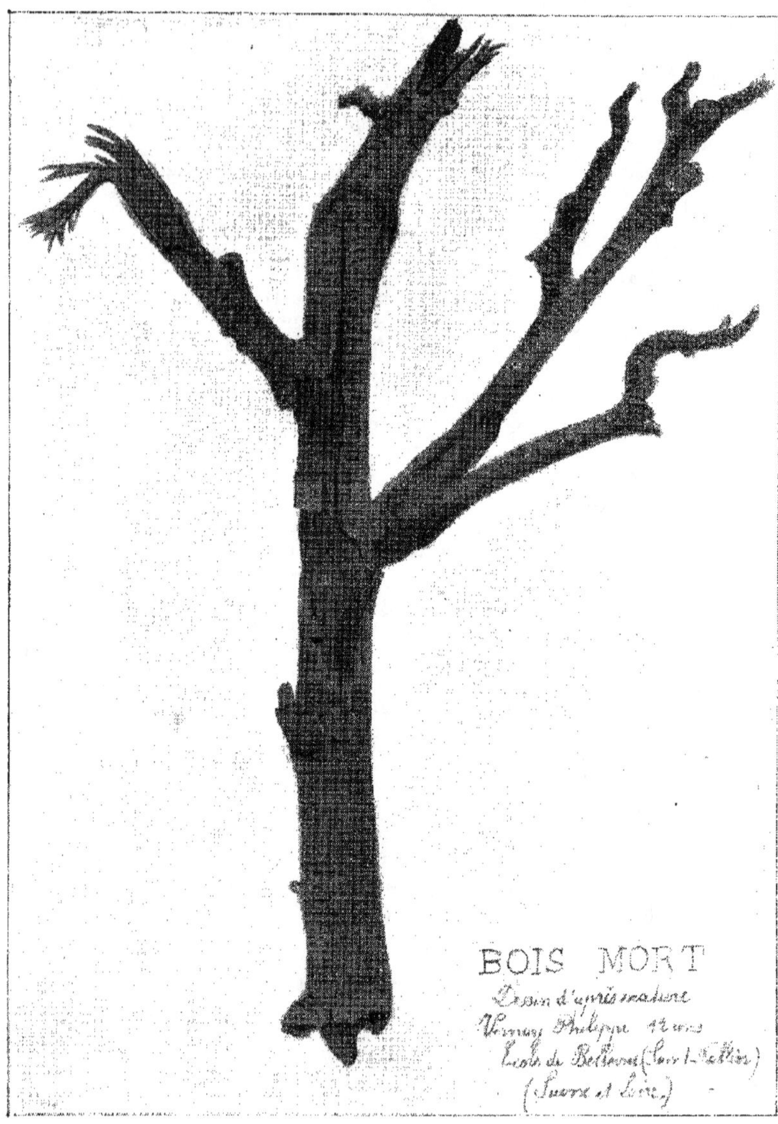

FIG. 37. — Étude d'après nature. Dessin aquarellé.
Réduction à moitié de l'original.

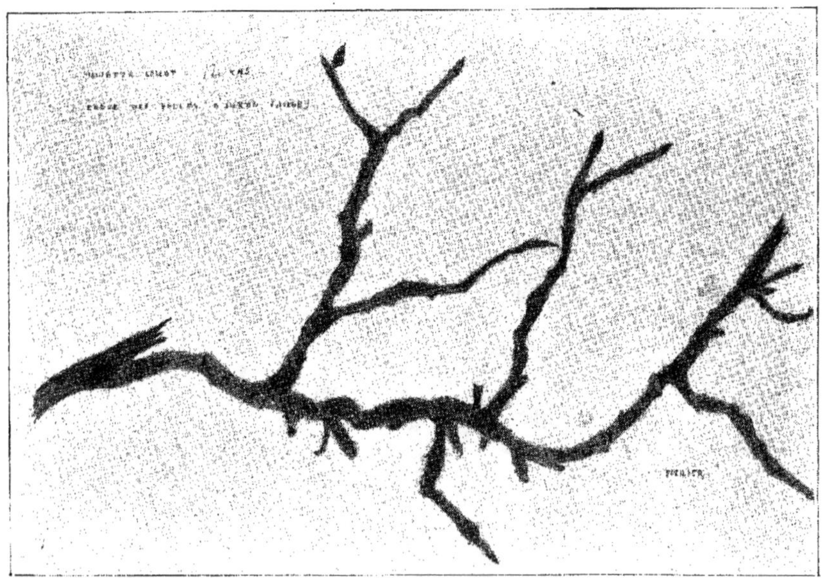

Fig. 38. — Étude d'après nature exécutée aux crayons de couleur.
Réduction au tiers de l'original.

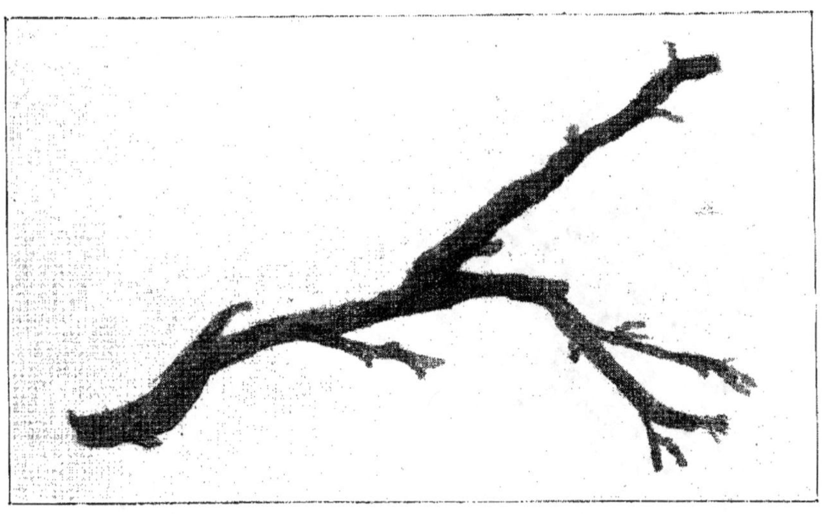

Fig. 39. — Étude d'après nature. Dessin rehaussé d'aquarelle.
Réduction au tiers de l'original.

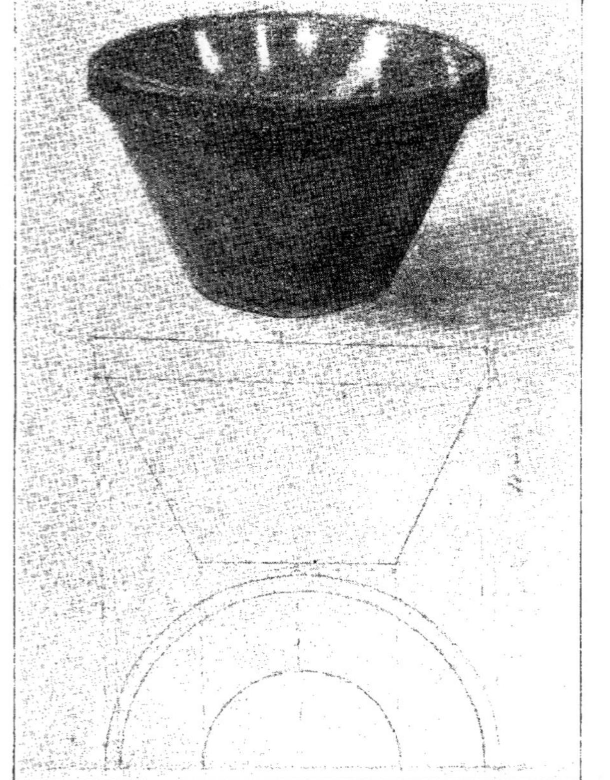

Fig. 40. — Étude d'après nature. Croquis à la mine de plomb rehaussé de crayons de couleur. Exécuté sur papier bulle jaune. Réduction au tiers de l'original.

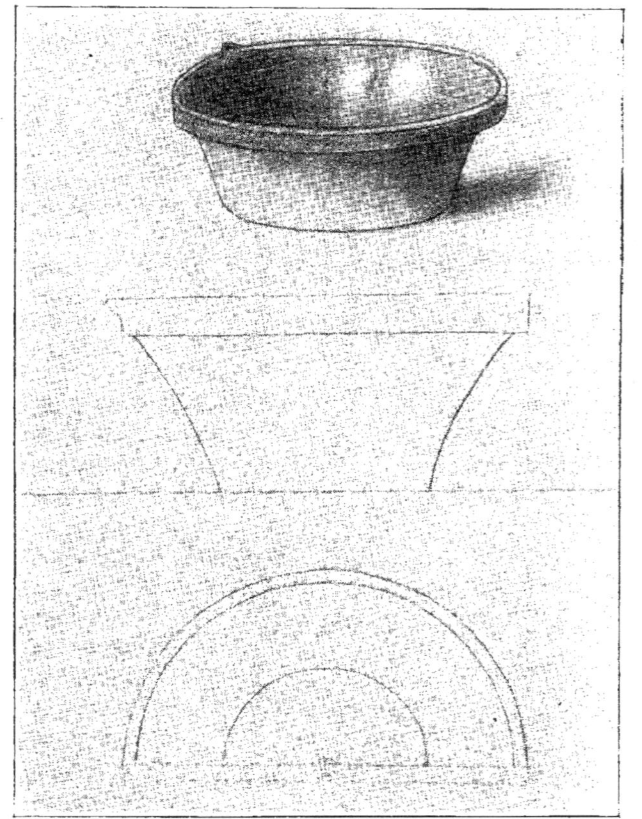

Fig. 41. — Étude d'après nature. Croquis à la mine de plomb rehaussé de crayons de couleur. Exécuté sur papier bulle jaune. Réduction au tiers de l'original.

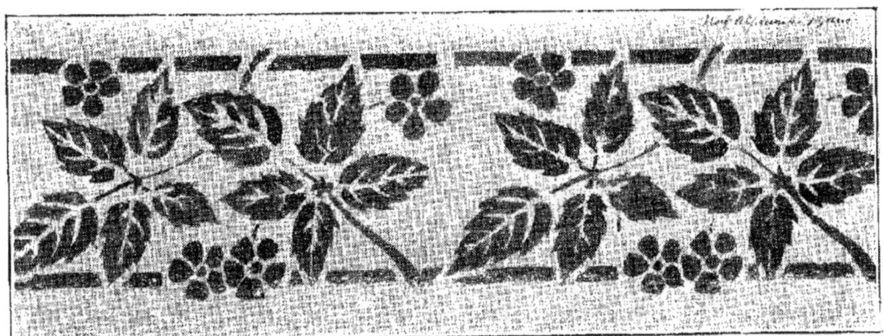

Fig. 42. —Bande au pochoir. Aquarelle sur papier gris. Réduction au tiers de l'original.

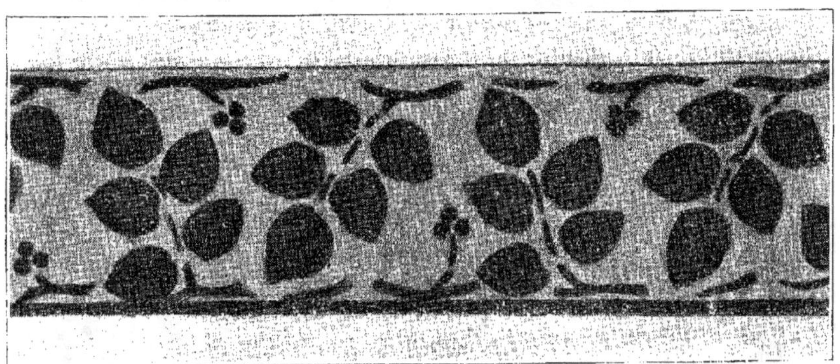

Fig. 43. — Bande au pochoir. Aquarelle et crayons de couleur. Réduction au tiers de l'original.

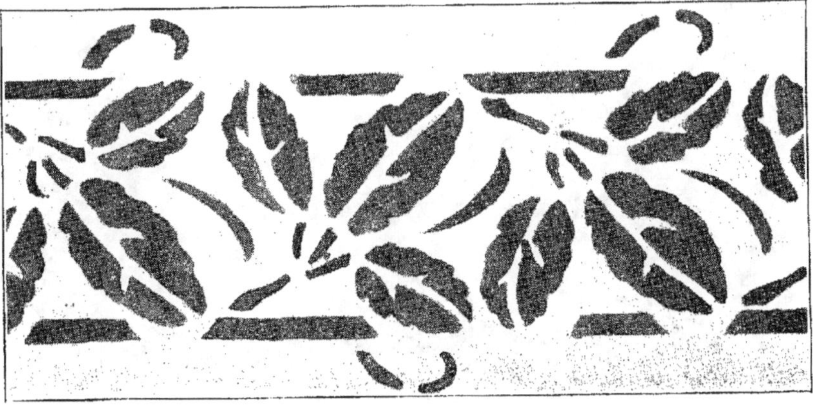

Fig. 44. — Bande au pochoir. Aquarelle sur papier bulle. Réduction aux deux cinquièmes de l'original.

Fig. 45. — Décoration d'une page. Aquarelle. Réduction aux trois cinquièmes de l'original.

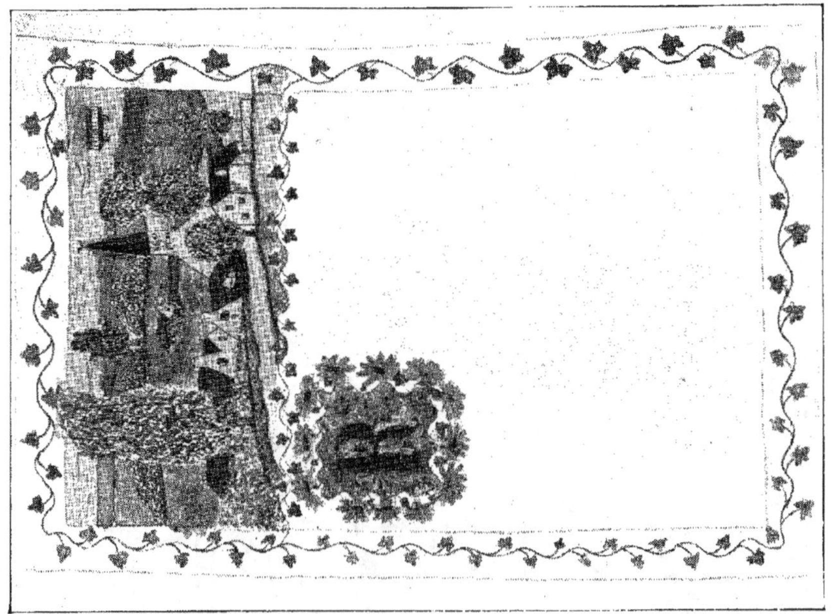

Fig. 47. — Décoration d'une page. Aquarelle.
Réduction au tiers de l'original.

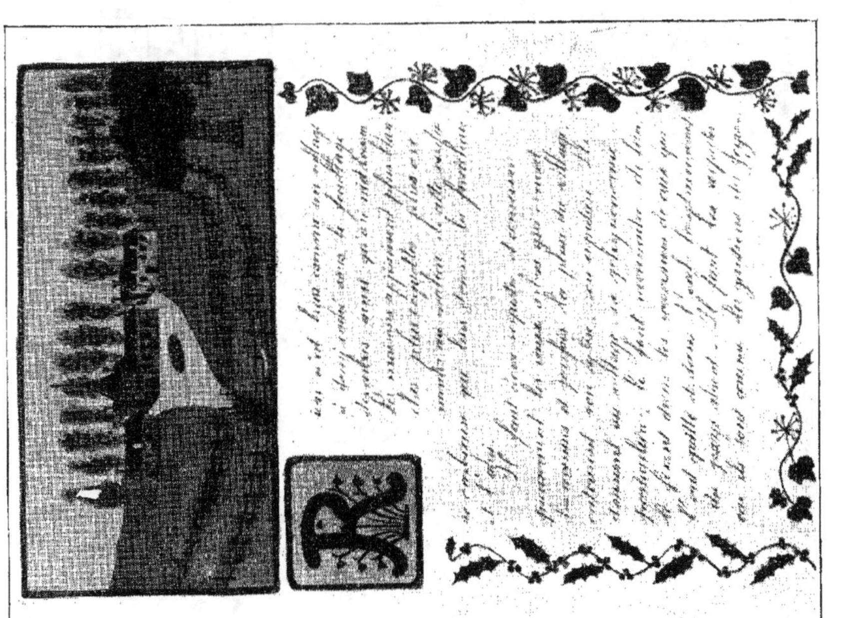

Fig. 46. — Décoration d'une page. Aquarelle.
Réduction aux deux cinquièmes de l'original.

Première série.

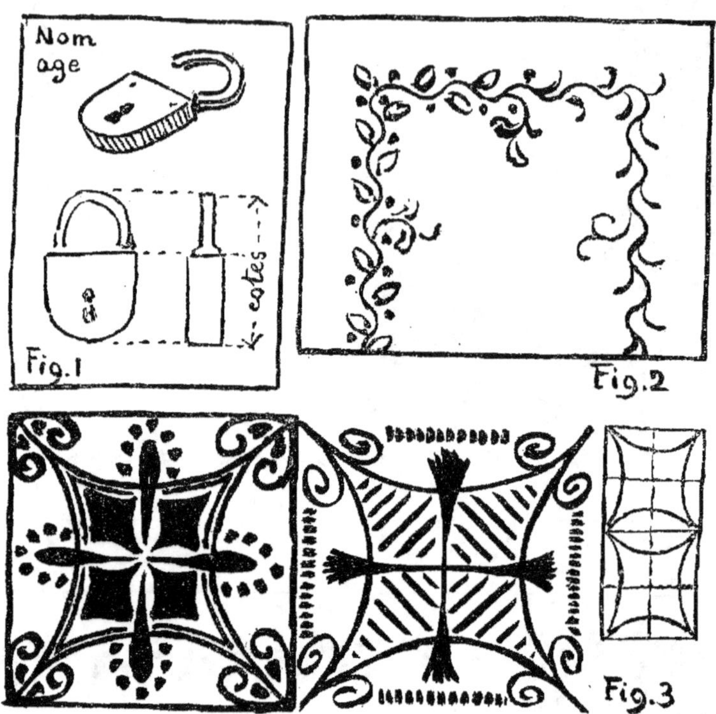

Exemples des croquis à tracer au tableau par le maître.

ÉTUDES D'APRÈS NATURE

1° Un copeau de menuisier.

Le menuisier du pays fournira volontiers un nombre de copeaux suffisant pour servir de modèles à nos écoliers. Ce sujet, propice à une excellente étude, fournit fréquemment de bons résultats. Choisir des copeaux dont la forme ne soit pas trop compliquée. Les volutes formées par les copeaux sont presque toujours gracieuses et il faut appeler l'attention des enfants sur les courbes agréables que présente ce modeste élément naturel, afin qu'ils cherchent à en traduire le charme dans leurs dessins. Cet exercice sera exécuté sur des feuilles quart-Ingres. L'exécution au crayon noir sur papier légèrement teinté, avec quelques discrets rehaussés de blanc pour indiquer les points les plus clairs, produit généralement un effet satisfaisant. Mais, encore une fois, nous n'imposons aucun procédé particulier et l'élève choisira celui qui lui semble préférable.

2° Un cadenas ordinaire.

En invitant les enfants à apporter l'objet qui leur servira de modèle, on peut aisément en réunir un nombre suffisant pour toute la classe. Un modèle pour quatre élèves suffit. Dans le cas où le maître n'aurait pas un assez grand nombre de modèles, il n'y a aucun inconvénient à ce qu'une partie de la classe dessine le modèle : un copeau, tandis que l'autre groupe dessine le modèle : un cadenas. A la séance suivante l'échange des modèles permet à chaque groupe de dessiner le sujet qu'il n'a pas encore étudié. Le croquis coté du cadenas devra accompagner le dessin en perspective, ainsi que le montre la figure 1. Le croquis en perspective pourra être, au gré des élèves, rehaussé de crayons de couleur ou d'aquarelle. Format des feuilles, quart-Ingres. En indiquant un format qui nous semble devoir favoriser de bonnes études nous n'entendons aucunement imposer l'emploi du papier Ingres, ainsi que certains maîtres l'ont cru. Si le papier Ingres présente à la fois des qualités de solidité et de bon marché relatives, il existe d'autres papiers qui réunissent aussi ces qualités et les maîtres sont entièrement libres de choisir les moyens d'exécution qui leur conviennent le mieux. La grandeur des dessins se rapprochera autant que possible des dimensions du modèle.

COMPOSITIONS DÉCORATIVES

1° Un napperon brodé au plumetis.

Ce napperon de forme carrée mesurera 30 centimètres de côté. La figure 2 montre la disposition très simple proposée aux élèves. Une ligne sinueuse court parallèlement aux côtés du carré et forme une sorte de cadre. Sur cette ligne s'attachent des feuilles et des graines qui se répètent alternativement. Une tigette s'échappe sur chacun des côtés et vers la partie médiane, pour rompre la monotonie que pourrait présenter un même motif trop souvent répété. Pour cette répétition des feuilles et des graines, l'emploi de papier à décalquer facilite la tâche.

Le bon effet de la composition résultera de la forme des feuilles et des graines, de leur grandeur relative et de leur répartition. Les graines peuvent être exécutées à jour.

2° Une bordure décorative composée de carrés ornés géométriquement.

Afin d'apporter quelque variété dans nos exercices, nous demandons cette fois aux élèves de ne pas se servir d'éléments naturels et d'imaginer complètement les éléments dont ils se serviront pour décorer cette bordure. La construction géométrique sur laquelle se grefferont pour ainsi dire les ornements est indiquée à droite de la figure 3. Ainsi qu'on peut s'en rendre compte, cette disposition est de la plus grande simplicité. Nous présentons ici deux exemples de carrés ornés différemment, afin de suggérer aux élèves les effets variés qu'ils pourront obtenir en combinant à leur gré de simples lignes, des points et des taches. Cette composition peut être prévue pour l'exécution en céramique ou en broderie de laine. Dans le premier cas, rappelons que les bleus, les verts et les jaunes, sont avec le blanc, les couleurs qui viennent le mieux à la cuisson. Dans le cas d'une exécution en broderie de laine, toutes les couleurs peuvent être employées. La couleur doit jouer un rôle important dans cette composition et nous engageons les élèves à chercher des colorations hardies. La dimension des carrés sera de 15 centimètres de côté.

DESSIN DE MÉMOIRE

Rappelons qu'il est très profitable de faire exécuter en quelques minutes des croquis remémorant les sujets précédemment étudiés.

DESSINS LIBRES ET DEVOIRS ILLUSTRÉS

Ce mois-ci, outre l'illustration des devoirs d'après les thèmes étudiés en classe, on pourra proposer aux enfants de représenter des scènes d'hiver, paysages couverts de neige, scènes locales, patinage, bons hommes de neige, etc...

REMARQUES GÉNÉRALES

Nous prions les maîtres de se reporter aux observations faites dans la dernière note. — Nous devons ajouter que les enfants sont parfois tentés de copier servilement des images et de produire ces copies comme exercices de dessin libre. Il faut décourager cette façon de faire parce qu'elle est médiocrement profitable. Quand les enfants ne font que s'inspirer d'images vues pour s'aider à réaliser leur conception personnelle, c'est bien, mais il ne faut pas que, par la copie littérale d'une image, soient supprimés les efforts d'imagination et d'observation qu'on cherche à susciter.

Des maîtres nous demandent si le temps consacré à l'étude du dessin, d'après l'emploi du temps réglementaire, est suffisant pour permettre aux élèves l'exécution convenable des exercices que nous indiquons. Évidemment non : les exercices doivent être commencés et étudiés en classe, y recevoir la critique et la correction du maître s'il y a lieu, puis être continués et achevés hors la classe. Ce sont d'ailleurs les conditions les plus favorables à l'obtention de bons résultats.

<hr>**Deuxième série d'exercices.**<hr>

ÉTUDES D'APRÈS NATURE

Iᵉ Une plume d'oiseau (fig. 1).

Le modèle choisi pourra être une plume de geai, de paon, de chardonneret, de pinson ou de perdrix, de pie, etc., etc.

Les plumes sont très variées comme forme et comme couleur. Celles courtes, très chargées en duvet, sont d'une forme agréable ; les plumes des ailes et de la queue, différentes de forme, sont généralement plus brillantes.

L'élève placera lui-même son modèle devant lui, et il cherchera d'abord la forme de l'ensemble. L'arête de la plume lui donnera la direction générale ; il aura ensuite à chercher le dessin des barbes, ces dernières sont généralement plus longues du côté de l'arête que de l'autre. Il est bien entendu que l'élève n'aura pas à s'attacher au dessin minutieux de chaque fil de barbe, mais les indiquera dans leur ensemble, avec seulement le détail des couleurs.

Durant les mois d'hiver, on pourra également proposer comme modèles des éléments naturels, tels que des coquillages ou des objets usuels, casserole, parapluie, etc.

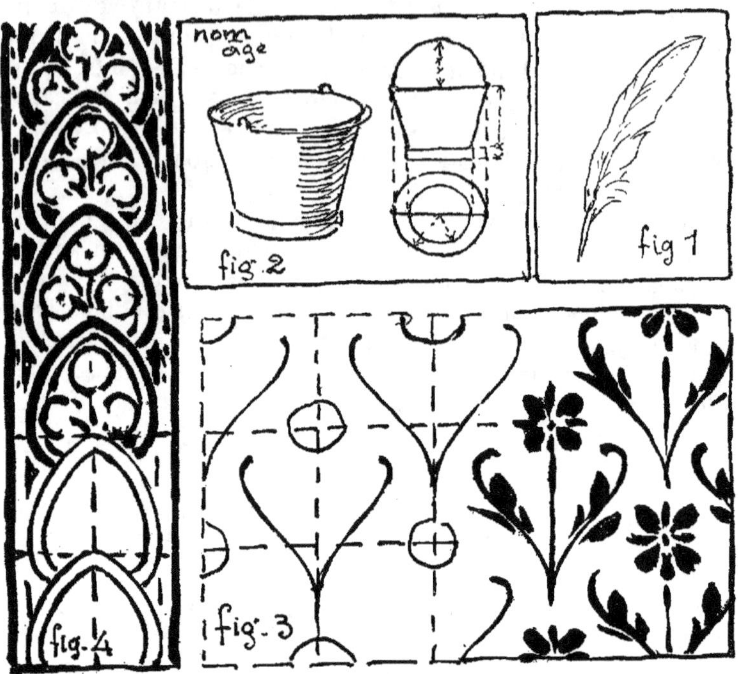

Exemples des croquis à tracer au tableau par le maître.

2° *Un seau* (fig. 2).

Pour cet exercice les indications à donner sont identiques à celles que nous avons déjà données pour le dessin d'une boîte. Le modèle proposé aujourd'hui se différencie toutefois de la boîte par sa forme en tronc de cône alors que la boîte affectait une forme cylindrique.

Les élèves devront exécuter le dessin à vue sur un côté de la feuille, de manière à réserver sur l'autre côté une place suffisante pour le croquis coté ou géométral. Ce géométral comprendra le plan, l'élévation, et, s'il y a lieu, une coupe de l'objet.

Ces deux dessins, dessin à vue et dessin géométral, devront être disposés dans la feuille de manière à former un ensemble avec, au-dessus, au-dessous et de chaque côté de la feuille, une marge suffisante (fig. 2).

Lorsque le dessin d'après nature sera terminé, tracer au centre de l'espace réservé pour le géométral un axe vertical A.

Sur cet axe, indiquer tout de suite la mesure correspondant à la hauteur du plan et celle correspondant à la hauteur de l'élévation.

La plus grande dimension du plan se trouvant être le plus grand diamètre du seau, pour avoir la hauteur de l'élévation, il n'y aura qu'à évaluer approximativement le rapport entre la hauteur du seau et sa plus grande largeur.

Le croquis coté sera exécuté en suivant des indications analogues à celles données précédemment.

Des exercices semblables peuvent être faits en prenant pour modèle un broc, un chandelier ou bougeoir, un pot à confitures, etc.

COMPOSITIONS DÉCORATIVES

I° *Un jeu de fond pour papier peint ou étoffe imprimée* (fig. 3).

Diviser la feuille en carrés ayant à peu près 8 centimètres de côté.

Tracer des filets verticaux représentant les tiges des ornements floraux qui constitueront la décoration du jeu de fond.

Indiquer comme sur le schéma figure 3 les places des centres où seront placés des rosaces ou des groupes de fleurs. Ces ornements occuperont un croisement de ligne sur deux et leur ensemble sera disposé en losange.

D'un point pris un peu au-dessous de la deuxième intersection, faire partir deux branches, une à droite, l'autre à gauche, qui viendront encadrer le groupe floral.

La plus grande liberté est laissée aux élèves pour la recherche des rosaces ou fleurs, ainsi que pour l'interprétation des branches et des feuilles.

N'employer que trois ou quatre couleurs au plus, faire un dessin large et bien silhouetté.

2° *Un galon disposé pour être utilisé dans le sens vertical* (fig. 4).

Tracer deux verticales parallèles distantes de 8 ou 10 centimètres environ. Diviser la hauteur en parties égales, chacune de ces divisions égalant à peu près l'écartement des parallèles.

Tracer des courbes soit en forme d'ogive, soit en forme de cintre allongé comme dans le schéma (fig. 4).

Il s'agit maintenant de trouver un élément décoratif s'adaptant dans les figures ainsi obtenues (fleurs et feuilles ou trois fleurs).

Les filets verticaux qui limitent la bordure devront être très larges et pourront être ornés de points ou de petits carrés.

Il en sera de même pour les filets géométriques de l'intérieur, toutefois, ces derniers pourront être moins importants que les filets latéraux.

ÉTUDES D'APRÈS NATURE

Fig. 48. — **Un copeau de menuisier.** Très beau dessin. L'ampleur et la simplicité de l'exécution donnent à ce dessin un caractère de grandeur remarquable. Provient de la Haute-Saône. Age de l'élève, 14 ans 1/2. Note 20.

Fig. 49. — **Un copeau de menuisier.** Ce dessin a de moindres qualités que le précédent, il est plus indécis, nous reconnaissons cependant à son auteur des qualités d'observation. Les courbes irrégulières du copeau ont été traduites avec vraisemblance. Provient de la Côte d'Or. Age de l'élève, 13 ans. Note 16.

Fig. 50. — **Un cadenas.** Représentation nette et précise de l'objet. L'ensemble est présenté avec la simplicité et la clarté qui conviennent au dessin industriel. Provient du département de la Haute-Savoie. Age de l'élève, 12 ans. Note 19.

Fig. 51. — **Un cadenas.** Mêmes qualités que le précédent dessin. On ne peut prétendre obtenir de meilleurs résultats. Provient du Puy-de-Dôme. Age de l'élève, 13 ans. Note 19.

COMPOSITIONS DÉCORATIVES

Fig. 52. — **Un napperon.** Cette charmante composition ornée de gousses entr'ouvertes et de graines, a été exécutée en broderie de soie blanche sur toile. La réduction ne permet malheureusement pas d'apprécier tout l'intérêt de cette œuvre d'une fillette de 12 ans. Nous applaudissons à l'initiative des maîtresses chaque fois qu'elles font exécuter les meilleures compositions de leurs élèves. C'est ainsi que l'on fera renaître les arts populaires dans notre pays. Provient du département de l'Ain. Age de l'élève, 12 ans. Note 19.

Fig. 53. — **Un napperon.** Dans ce dessin la multiplicité et la petitesse des détails donnent à la composition un caractère de finesse minutieuse. Cela ferait également un très joli napperon brodé et très différent de la figure 52. Provient du département de l'Eure. Age de l'élève, 13 ans. Note 19.

Fig. 54. — **Bordure géométrique.** L'harmonie bleue et jaune de cette petite composition est fort agréable. La comparaison des trois dessins publiés figures 54, 55 et 56, montre quelle variété peut être apportée dans l'interprétation d'un même thème. La coloration ajoute encore à la variété des combinaisons. Provient du département de l'Indre. Age de l'élève, 12 ans. Note 16.

Fig. 55. — **Bordure géométrique.** Très heureuse interprétation du schéma proposé. La coloration bleue, vert et jaune sur le fond blanc est très riche. Le croisillon placé au centre des carrés est jaune, tout le reste est bleu et vert. Par une ingénieuse répartition, les mêmes parties d'ornement alternent comme couleur d'un carré au carré voisin. Elles sont tantôt bleues et tantôt vertes. L'équilibre des deux couleurs étant bien observé dans chaque carré l'ensemble présente de l'unité tout en évitant la monotonie. Provient de la Haute-Saône. Age de l'élève, 13 ans. Note 20.

Fig. 56. — **Bordure géométrique.** Composition d'un aspect tout différent des deux premières. Les points colorés sont bien répartis et l'harmonie produite par les verts foncés, les bleus et les rouges, est très gaie. Ce dessin pourrait être le modèle d'une très jolie broderie. Provient de l'Allier. Age de l'élève, 13 ans. Note 18.

DESSINS FAITS LIBREMENT HORS LA CLASSE

Fig. 57. — **Le chasse-neige.** Dessin rehaussé de crayons de couleur. La réduction et la reproduction en noir suppriment malheureusement une partie de l'intérêt de cette charmante composition. On peut cependant apprécier la vérité du paysage et les observations très justes faites dans le dessin des figures, personnages et chevaux. Les vives colorations des harnachements, du chasse-neige et des volets des maisons contrastent heureusement avec les tonalités blanches et grises de l'ensemble. Provient du département du Jura. Age de l'élève, 13 ans. Note 18.

Fig. 58. — **Le meunier et son attelage.** Dessin rehaussé de pastels. L'emploi du pastel permet d'obtenir des tons plus variés, mais ce procédé est difficile à pratiquer dans les classes primaires, il est coûteux et le pastel a l'inconvénient de ne pas tenir sur le papier. Pour ces raisons il est préférable de recommander les crayons de couleur ou l'aquarelle. Malgré de grosses fautes de perspective, le présent dessin est intéressant par les observations faites à propos du cheval et de la voiture. Provient du département de la Creuse. Age de l'élève, 11 ans. Note 16.

Fig. 59. — **L'hiver.** Dessin aquarellé. Cet intéressant dessin traduit bien l'impression de solitude et de tristesse de l'hiver. Les moyens employés sont très simples. Le blanc du papier est réservé presque partout pour représenter la neige et quelques touches discrètes de gouache simulent sur les maisons les flocons de la neige qui tombe. La tonalité de l'ensemble est d'un gris fin; seuls les volets des habitations ont une note colorée. Cette composition révèle un tempérament d'artiste que nous sommes heureux de reconnaître chez un enfant dont nous avons pu suivre les progrès depuis quelques années. Provient d'une petite école de l'Hérault. Age de l'élève, 12 ans. Note 20.

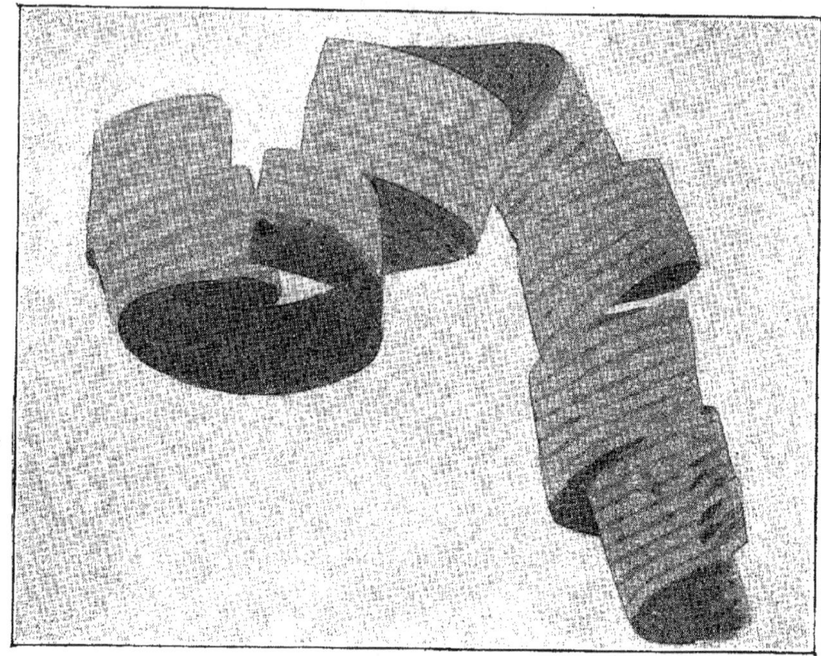

FIG. 48. — Un copeau. Dessin aquarellé. Réduction au tiers de l'original.

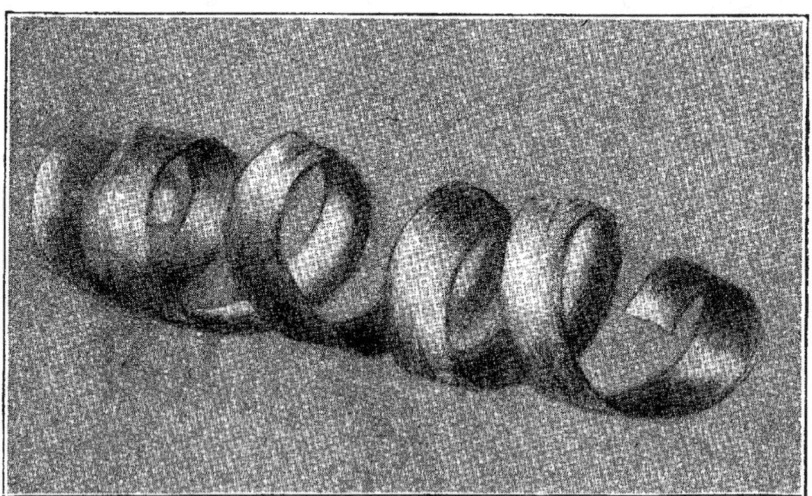

FIG. 49. — Un copeau. Dessin à la mine de plomb sur papier gris et rehaussé de crayon blanc. Réduction aux deux cinquièmes de l'original.

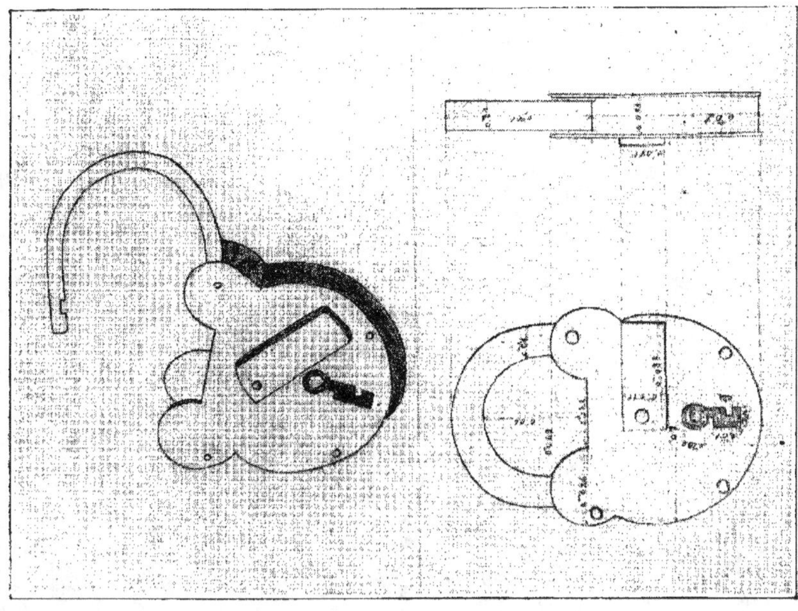

Fig. 51. — Étude d'après nature. Croquis coté.
Dessin à la mine de plomb. Réduction à moitié de l'original.

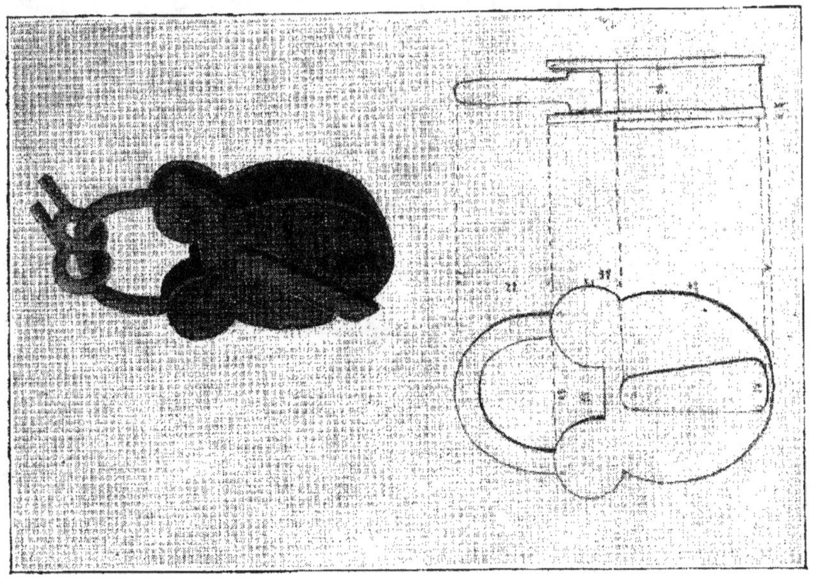

Fig. 50. — Étude d'après nature. Dessin à la mine de plomb
rehaussé d'aquarelle. Réduction à moitié de l'original.

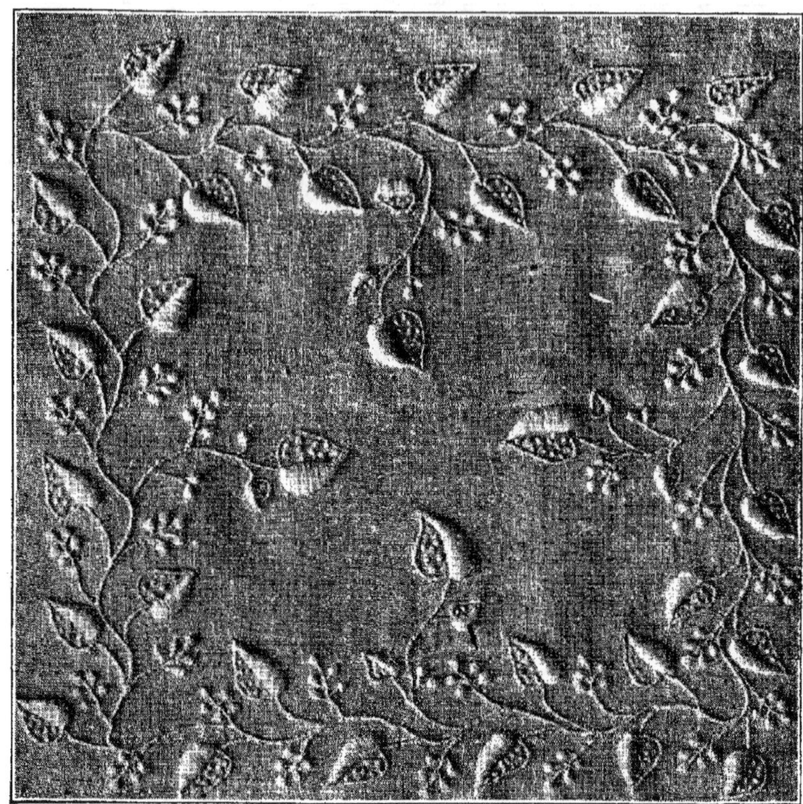

FIG. 52. — Napperon exécuté au plumetis sur toile. Réduction au tiers de l'original.

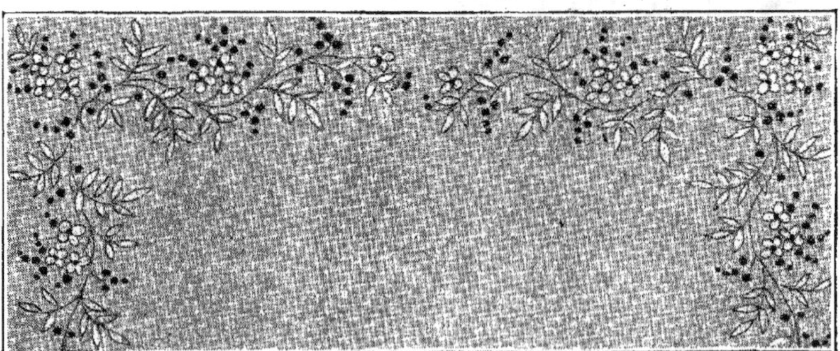

FIG. 53. — Projet de napperon. Dessin à la mine de plomb et rehaussé de gouache sur papier gris. Réduction au tiers de l'original.

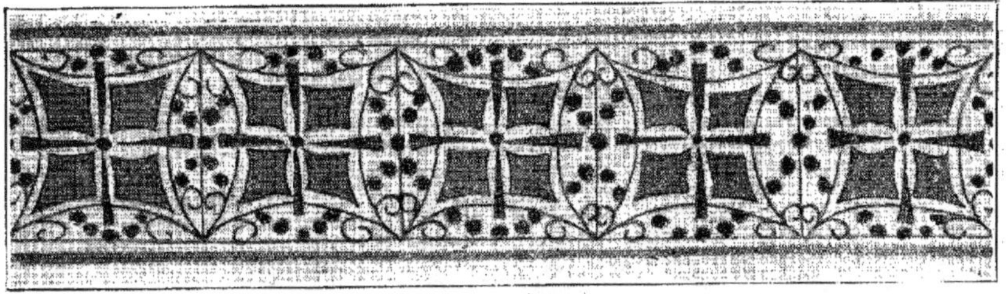

Fig. 54. — Bordure d'ornements géométriques. Crayons de couleur.
Réduction aux deux cinquièmes de l'original.

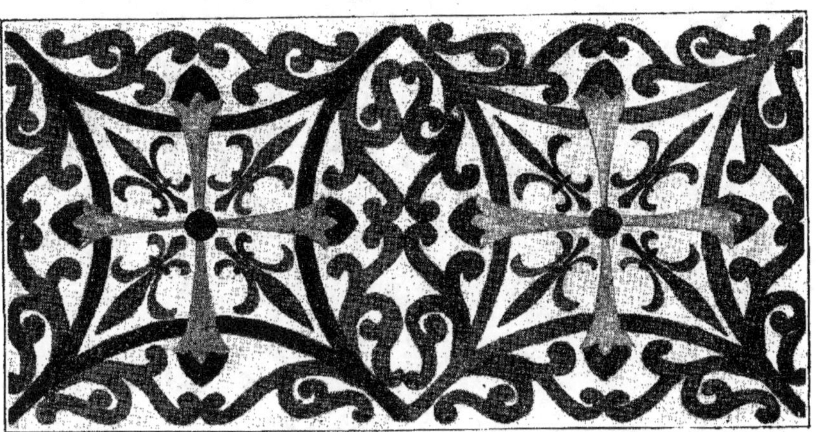

Fig. 55. — Bordure d'ornements géométriques. Aquarelle.
Réduction au tiers de l'original

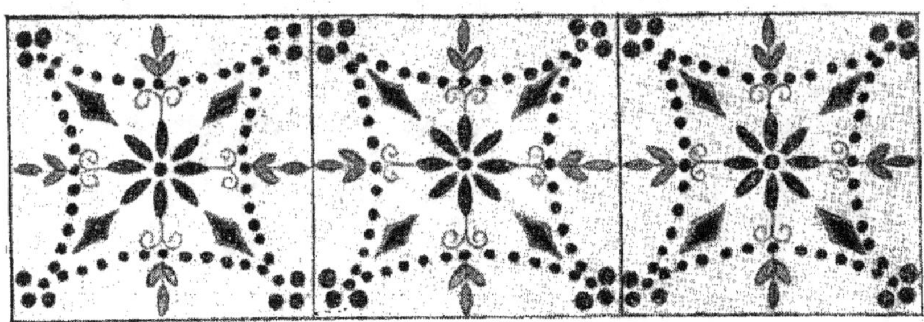

Fig. 56. — Bordure d'ornements géométriques. Crayons de couleur.
Réduction au tiers de l'original.

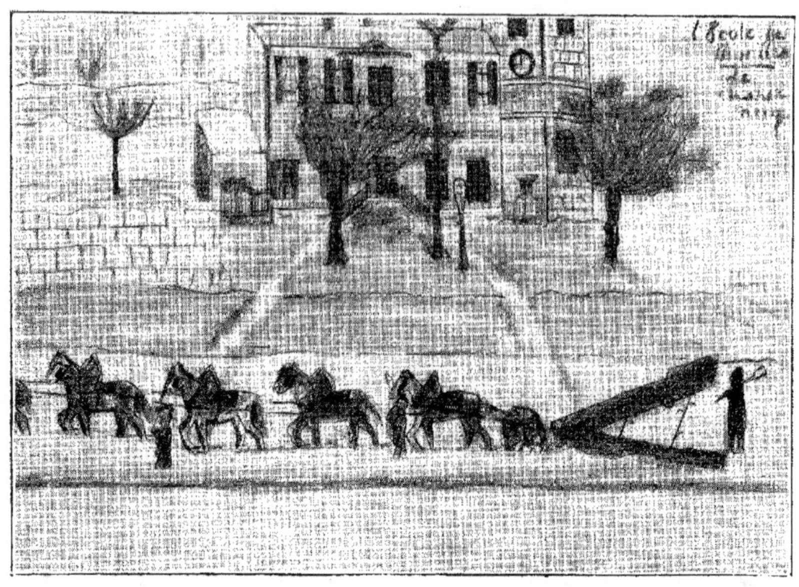

Fig. 57. — *Le chasse-neige.* — Dessin à la mine de plomb rehaussé de crayons de couleur.
Réduction au tiers de l'original.

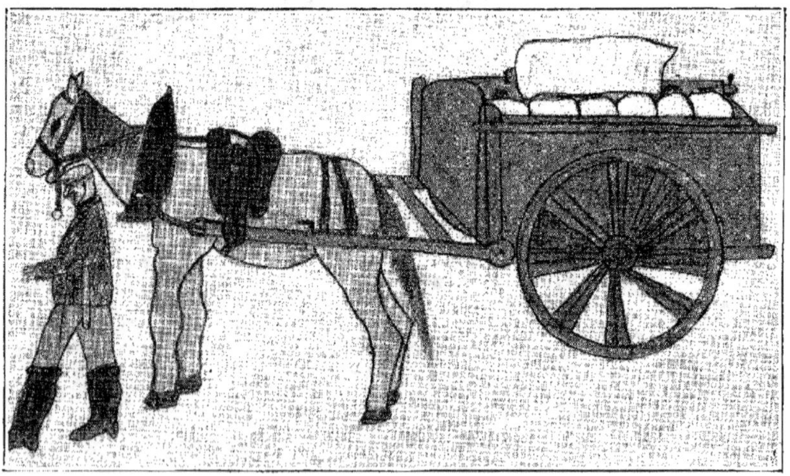

Fig. 58. — *Le meunier et son attelage.* — Dessin à la mine de plomb rehaussé de crayons
de couleur. Réduction au tiers de l'original.

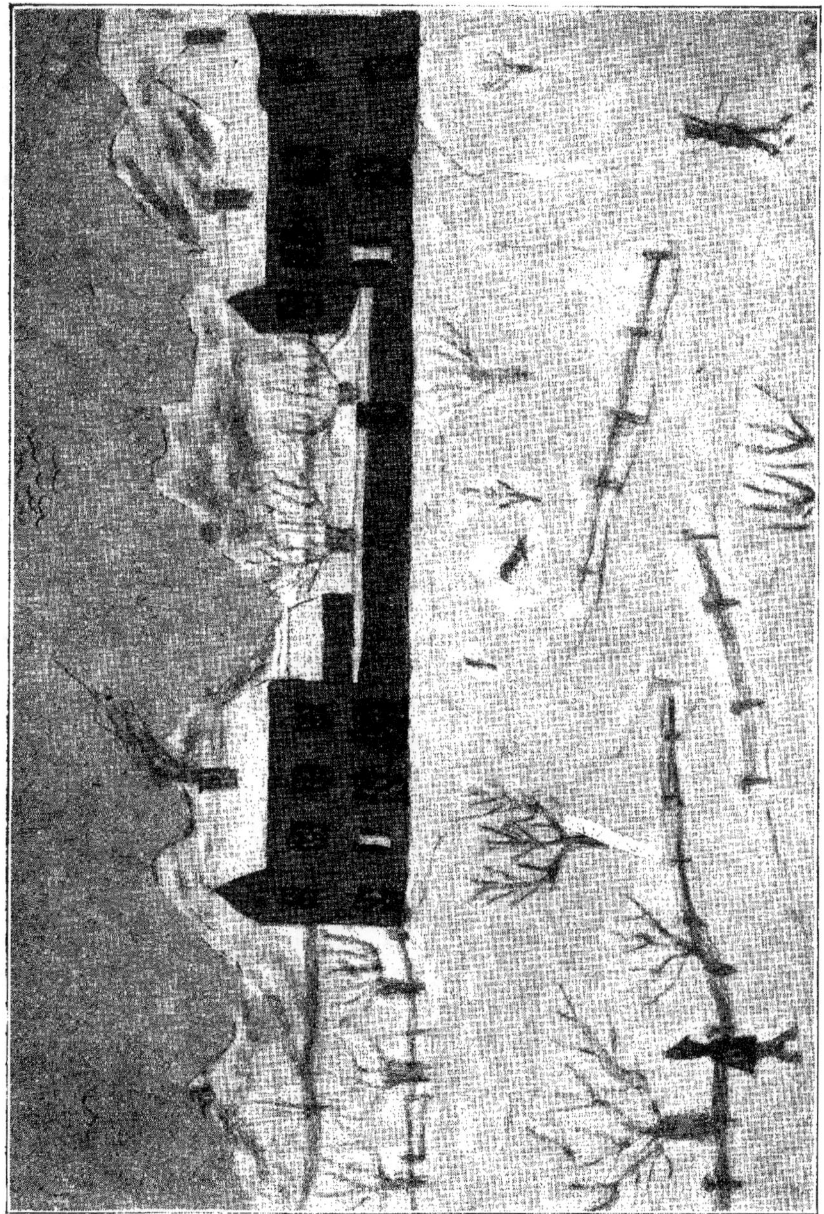

FIG. 59. — *L'hiver*. — Dessin aquarellé. Réduction à moitié de l'original.

Première série.

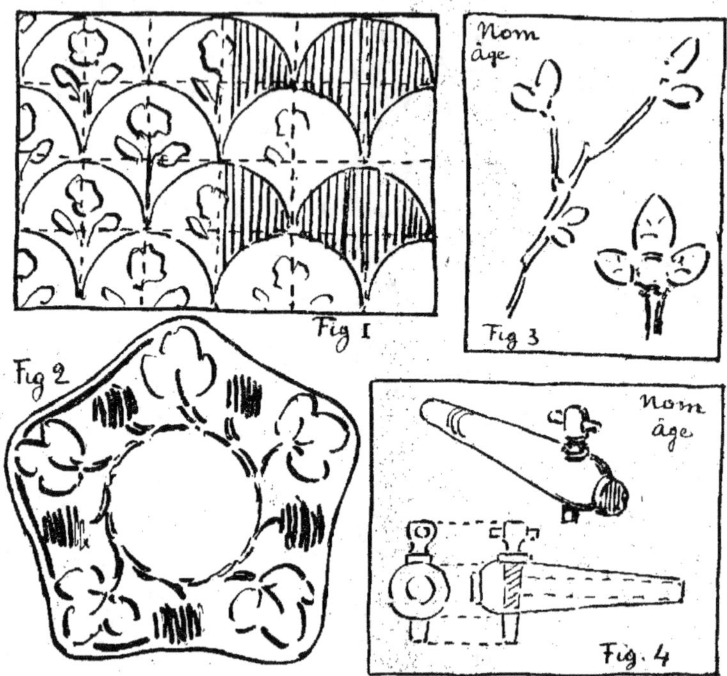

Exemples des croquis à tracer au tableau par le maître.

ÉTUDES D'APRÈS NATURE

Iⁿ *Bourgeons et jeunes pousses.*

Suivant les régions, on profitera du moment où les arbres commencent à bourgeonner pour proposer cette étude aux élèves. On leur fera remarquer les différences et aussi les analogies entre les formes des bourgeons de différents arbres. Le lilas, le fusain, le marronnier, etc., les boutons d'iris ou d'autres fleurs peuvent fournir d'intéressants sujets d'étude. La figure 3 présente une disposition qui peut être adoptée dans une feuille quart Ingres ; une brindille portant plusieurs bourgeons est dessinée grandeur naturelle et, dans un espace libre, l'étude d'un bourgeon est présentée plus grande que nature pour bien préciser les détails. Cette étude peut être faite à l'aquarelle ou rehaussée aux crayons de couleur.

2° *Un robinet en bois.*

Les enfants se procureront facilement un nombre suffisant de ces modèles communs dans les campagnes. On en demande un dessin en perspective à peu près de grandeur naturelle et des croquis cotés, de face et de profil, de dimensions réduites, figure 4. Si le maître peut faire le sacrifice d'un des modèles, en le sciant suivant le plan médian, il fera aisément comprendre ce qu'on appelle *coupe* et à quoi sert le dessin appelé *coupe*, dans ce cas, pour montrer l'épaisseur du bois et le système de fermeture du robinet. Cet exercice de dessin peut fournir le thème d'une excellente leçon de choses et d'une description illustrée. Il peut s'exécuter sur le format quart Ingres.

COMPOSITIONS DÉCORATIVES

I° *Un jeu de fond orné d'imbrications.*

Ce jeu de fond sera formé par des imbrications de deux couleurs, l'une claire et l'autre foncée, ou d'imbrications coloriées et d'imbrications blanches s'alternant. La construction du dessin s'opère facilement en divisant préalablement les lignes médianes du dessin en 6 parties égales dans le sens de la longueur et en 4 parties égales dans le sens de la hauteur. Les lignes passant par ces points de division forment une série de carrés dans lesquels on trace les arcs de cercle limitant les imbrications. Chacune de ces imbrications sera ornée d'une feuille, d'une fleur, de bourgeons, de fleurettes ou de graines traités décorativement. Trois couleurs au plus seront employées. Éléments décoratifs et colorations au gré des élèves. Cet exercice sera exécuté sur feuille, format quart Ingres.

2° *Un pentagone orné.*

Cette composition devra pouvoir être exécutée en étoffe appliquée pour servir de dessous à un vase ou à une lampe. La construction de ce dessin est facilitée par le tracé préalable d'une circonférence inscrivant la composition. Le cercle ainsi formé, est divisé en cinq parties correspondant aux points principaux du décor. Un cercle de diamètre plus petit est réservé au centre de la composition, sur la circonférence limitant ce cercle est placée une tige d'où naissent les différents éléments, feuilles et fleurettes ou graines formant l'ornementation. Cette ornementation sera exécutée en tons à plat, et un trait assez large, d'une couleur s'harmonisant avec les tons de l'ensemble, sertira tout le dessin, feuilles et fleurs. Ce sertissage figurera la soutache, ganse ou broderie fixant l'étoffe découpée et appliquée sur le fond. Trois ou quatre tons seront employés, un pour le fond, un pour les feuilles et les tiges, un autre, si l'on veut, pour les fleurs et les graines; enfin, un dernier pour le large trait sertissant le dessin. Cette composition sera exécutée, aussi grande que possible, sur feuille de format quart Ingres.

Pour les exercices de composition décorative, nous prions les maîtres de tenir à ce que les élèves suivent de près les indications tracées au tableau, les résultats sont toujours satisfaisants quand on se conforme à ces indications. La diversité résulte suffisamment du choix des éléments décoratifs et des colorations laissées au gré de chacun, chaque élève faisant ainsi œuvre personnelle.

Nous rappelons ce que nous avons dit précédemment sur l'utilité des exercices de dessin de mémoire et sur les dessins libres et les devoirs illustrés. Quand les dessins faits librement hors la classe sont imaginés et exécutés par les enfants, ils sont toujours meilleurs que les copies d'images ou les dessins retouchés par les parents ou par les maîtres. (*Revoir à ce sujet la note du mois dernier.*)

REMARQUES GÉNÉRALES

Parfois certains maîtres, dans le souci de faire pour le mieux, veulent obtenir la perfection dans l'exécution du dessin. D'une part, ce résultat est plutôt du domaine des écoles spéciales d'art que de celui de l'école primaire, d'autre part, cette perfection est inaccessible à la plupart des enfants. Il s'ensuit que, s'il vise ce résultat, le maître est enclin à parfaire le travail de ses élèves et à substituer sa personnalité à la leur. Puis, la perfection de l'exécution, telle qu'elle est comprise par beaucoup, ne correspond pas toujours avec la bonne qualité des dessins. C'est souvent une erreur de croire que la pureté du tracé, le fondu des ombres, les teintes posées habilement par une main experte suffisent à réaliser un bon dessin. Fréquemment, l'ébauche naïve et incomplète, maladroitement exécutée par l'enfant, traduit mieux l'impression du modèle. L'éducateur avisé doit donc être prudent dans ses conseils et sobre dans les retouches, quand il croit devoir en faire au travail des élèves. Au total, en procédant ainsi, les résultats sont meilleurs. Quelques maîtres demandent si les modèles proposés ne pourraient pas être classés par ordre de difficulté. Nous cherchons comme thèmes de nos exercices des sujets aussi simples que possible, et, si nous proposons les mêmes exercices à des élèves de neuf ans et à des élèves de treize ans, il faut bien comprendre que la difficulté ne résulte pas tant des formes et des couleurs que l'on veut interpréter, que de la perfection qu'on cherche à obtenir dans cette représentation. Il faut toujours tenir compte de l'âge et des aptitudes des élèves, et ne pas rechercher des résultats supérieurs à ceux qu'ils peuvent atteindre, étant donnés cet âge et ces aptitudes.

====== **Deuxième série d'exercices.** ======

ÉTUDES D'APRÈS NATURE

1° *Deux œufs placés l'un à côté de l'autre.*

Malgré sa simplicité, ce sujet présente de réelles difficultés mais, par contre, c'est un excellent exercice. En plaçant les deux œufs de façon que leurs axes se trouvent dans des directions différentes, la forme de chaque œuf varie suivant la perspective et les élèves devront faire là des comparaisons profitables. Si les œufs sont différents de couleur, ce qui est le cas le plus fréquent, les élèves feront en même temps une excellente étude de coloration.

2° *Une trompette* (fig. 1).

Le maître se procurera facilement une de ces petites trompettes d'une valeur de deux ou trois sous ou, s'ils lui est possible une véritable trompette qu'il suspendra par la poignée, de manière qu'elle ne se présente pas exactement de profil et que les enfants puissent voir l'intérieur ou le dessus du pavillon. Il leur fera remarquer que le corps de la trompette n'est pas cylindrique mais en forme de cône très allongé, il appellera leur attention sur les différentes proportions du pavillon, de l'embouchure, de la poignée avec l'ensemble ; sur les enluminures multicolores ornant ces jouets, et formées par des filets s'enroulant en spirale ou concentriques. Pour le croquis coté, la trompette sera remise d'aplomb (voir fig. 1). A défaut de trompette on pourra donner un bougeoir, un chandelier, etc..., pour les filles un jeu de volant, tous ces objets concurremment avec les éléments naturels, papillons, insectes provenant de collections, etc., et plantes dont on dispose à cette époque.

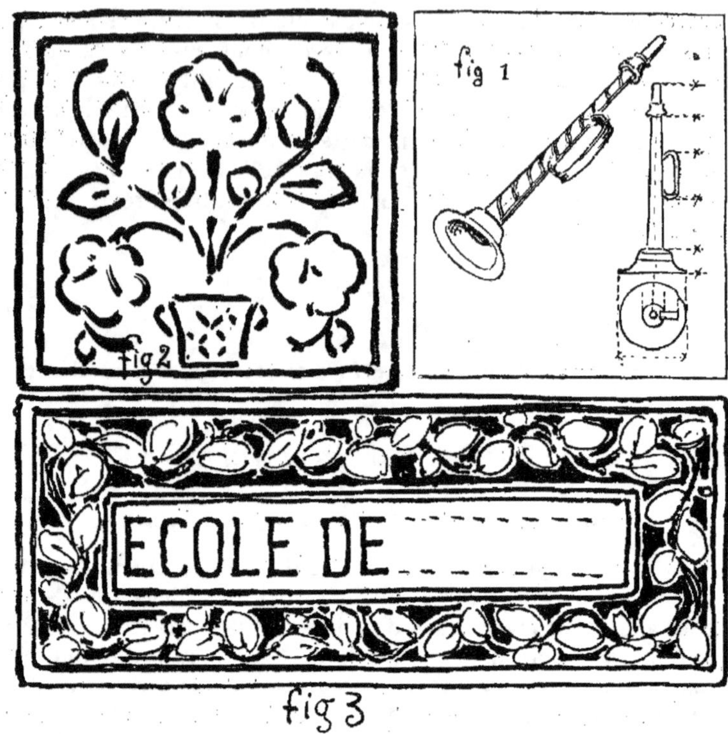

Exemples des croquis à tracer au tableau par le maître.

COMPOSITIONS DÉCORATIVES

1° *Un carré orné* (fig. 2).

Le sujet de ce carré orné serait, pour les garçons, une composition en marqueterie, et, pour les filles, la décoration d'une face de sachet à mouchoirs en broderie.

Le maître indiquera au tableau le schéma de la composition, tel que nous l'avons proposé : à la partie inférieure un pot, petit vase ou petit panier de forme assez simple et, dans l'axe du carré, une tige centrale se dirigeant vers le haut, deux tiges à droite et deux autres à gauche, se dirigeant vers les angles supérieurs et inférieurs.

Nous engageons vivement les maîtres à veiller à ce que leurs élèves respectent autant que possible les grandes lignes du schéma proposé au tableau. Leur méconnaissance des lois de la composition ne permet pas aux enfants de composer de toutes pièces un ensemble, mais, guidés par les grandes lignes qui leur donnent les groupements importants, ils pourront donner libre cours à leur imagination dans la composition des détails.

Les dessins, modèles de marqueterie, exigent un tracé très simple, se silhouettant franchement sur le fond. Ils ne comportent pas de modelé, mais seulement des traits. La couleur, constituée par la coloration propre du bois, se trouve nécessairement réduite à des tons jaunes, bruns ou blancs, de nuances plus ou moins foncées.

Le maître pourra donner aux élèves quelques explications sur la manière dont se fabrique la marqueterie et leur en montrer des exemples, si cela est possible.

La décoration du sachet pourrait être réalisée au point de croix sur canevas.

Ce dessin, comme celui de la marqueterie, devra être très simplement silhouetté.

Nous recommandons de n'utiliser que deux ou trois tons au plus pour l'exécution de ce travail.

2° *Une vignette rectangulaire* (fig. 3).

Le maître propose aux élèves la composition d'une vignette portant le nom de leur école et destinée à être placée sur la couverture de leurs livres ou de leurs cahiers, ou pour former l'en-tête d'un emploi du temps, d'un tableau d'honneur, etc....

Les cahiers de classe sont parfois ornés d'un motif de décoration analogue ; malheureusement, leur banalité est souvent telle que nous n'osons les proposer comme des exemples de goût.

Les élèves auront à construire un encadrement formé de deux rectangles semblables. Le nom de l'école sera indiqué par des lettres simples et bien lisibles.

L'encadrement se composera d'une branche ondulée supportant des éléments décoratifs laissés au choix de chacun.

Il y a intérêt à commencer le dessin de la branche par les quatre angles, de manière que ces angles aient une décoration semblable, on les relie ensuite en allongeant ou diminuant légèrement la sinuosité des courbes.

Les filets extérieurs et intérieurs devront être assez larges.

Description des planches de dessins.

ÉTUDES D'APRÈS NATURE

Fig. 60. — **Étude de bourgeons**. Dessin aquarellé. Aucune critique à cette excellente étude. Le dessin robuste exprime bien le caractère de tous les détails. La coloration très variée, tout en gardant de l'unité dans l'ensemble, a été observée et traduite avec vérité. Provient du territoire de Belfort. Age de l'élève, 12 ans. Note 20.

Fig. 61. — **Chatons de noisetier**. Étude bien observée, les formes curieuses et les fines couleurs du modèle sont exprimées simplement et avec exactitude. Provient du département de l'Aveyron. Age de l'élève, 13 ans 1/2. Note 17.

Fig. 62. — **Jeunes pousses de lilas**. Bonne étude. Le dessin est simplement rehaussé d'un ton à l'aquarelle sans aucune ombre. Aucune habileté d'exécution, mais la sincérité apportée dans la recherche des formes a abouti à un résultat satisfaisant, parce que dans le caractère du modèle. Provient du Loir-et-Cher. Age de l'élève, 12 ans. Note 17.

Fig. 63. — **Un robinet en bois**. Ensemble satisfaisant ; les divers croquis sont bien placés dans la feuille. La représentation perspective laisse cependant à désirer. Provient de la Mayenne. Age de l'élève, 12 ans. Note 15.

Fig. 64. — **Un robinet en bois**. Ce dessin est d'une exécution plus sûre et plus nette que le précédent, mais il est incomplet : aucune cote n'indique les grandeurs et l'on a omis la projection de face sans laquelle l'on n'est renseigné qu'incomplètement sur la forme exacte de l'objet. Provient de la Charente-Inférieure. Age de l'élève, 13 ans. Note 12.

COMPOSITIONS DÉCORATIVES

Fig. 65. — **Jeu de fond**. Le schéma proposé n'a pas été exactement suivi dans cette composition. Elle n'en est pas moins d'un puissant effet décoratif, malgré le dessin maladroit des détails. Les trèfles s'enlèvent en bleu foncé sur le fond rouge vermillon. Une réserve en blanc est ménagée autour de tous les ornements. Provient de la Nièvre. Age de l'élève, 13 ans. Note 16.

Fig. 66. — **Jeu de fond**. Cette composition est conforme au programme proposé. Les éléments décoratifs employés et la coloration ne manquent pas d'originalité. L'harmonie est curieuse, les fonds des imbrications sont de couleur verte, tantôt d'une valeur assez soutenue et tantôt d'une valeur très claire, ou plutôt blanc verdâtre, les feuilles vertes ou blanches, les fleurs roses. Provient du département de l'Isère. Age de l'élève, 12 ans. Note 17.

Fig. 67. — **Pentagone orné**. Composition très simple et ingénieusement arrangée. La coloration lui ajoute un grand charme, le fond est gris bleu, les ornements sont bleu paon avec des inégalités qui préviennent la froideur et le tout est serti de filets assez gras de couleur terre de Sienne. Provient de la Gironde. Age de l'élève, 12 ans et 1/2. Note 19.

Fig. 68. — **Pentagone orné**. Soie appliquée sur velours. Effet de richesse produit avec des moyens très simples.

La parfaite exécution de cet objet et le goût apporté au choix des étoffes dont il est formé ajoutent à son intérêt décoratif. Provient du département de l'Ain. Age de l'élève, 12 ans 1/2. Note 20.

DESSIN FAIT LIBREMENT HORS LA CLASSE

Fig. 69. — **Jeux d'hiver**. Dessin rehaussé de crayons de couleur. La reproduction a accentué légèrement les différences des valeurs, mais l'effet n'en est pas moins satisfaisant. Ensemble d'une tonalité fine et donnant bien l'impression d'un jour d'hiver. Détails bien observés. Provient du département des Côtes-du-Nord. Age de l'élève, 13 ans 1/2. Note 18.

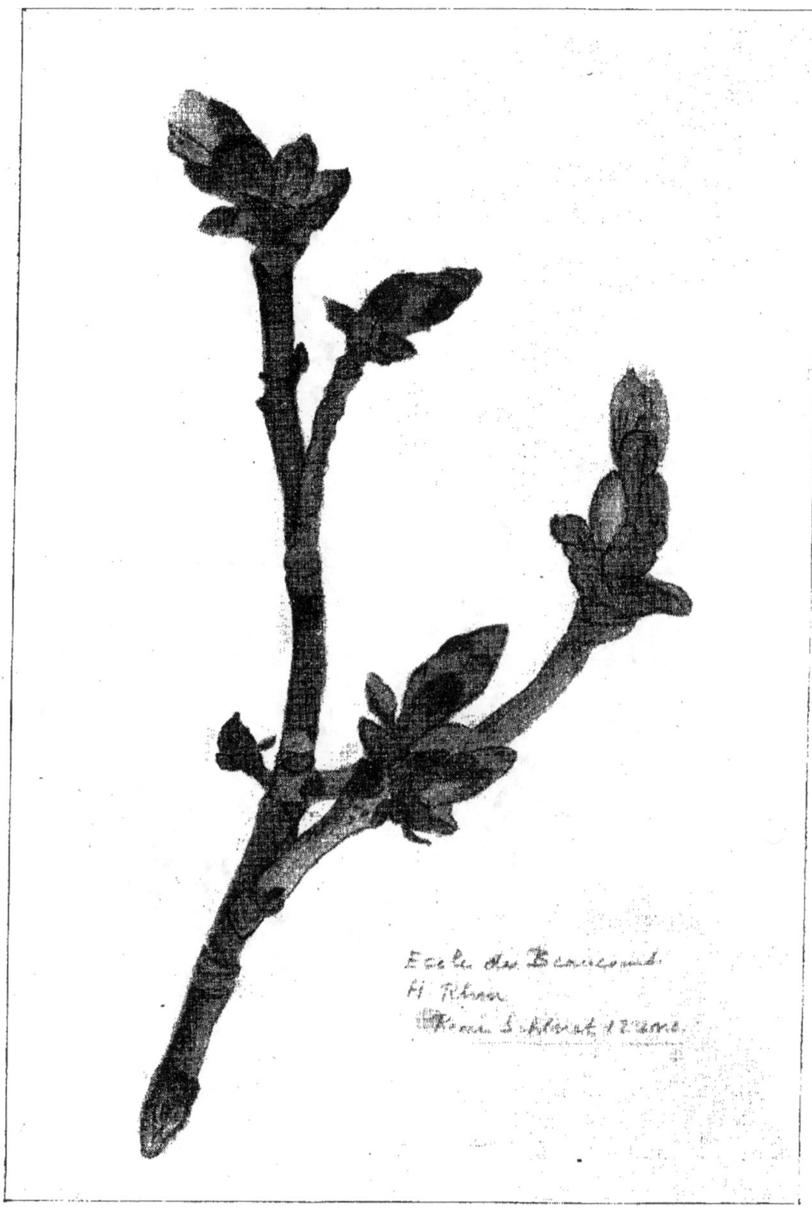

Fig. 6o. — Étude d'après nature. Bourgeons. Dessin aquarellé.
Réduction a moitié de l'original.

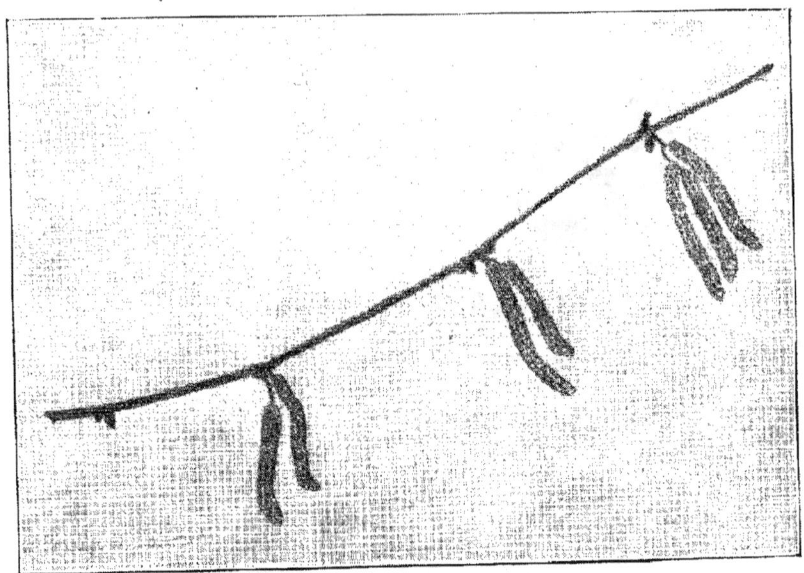

Fig. 61. — Étude d'après nature. Dessin aux crayons de couleur.
Réduction au tiers de l'original.

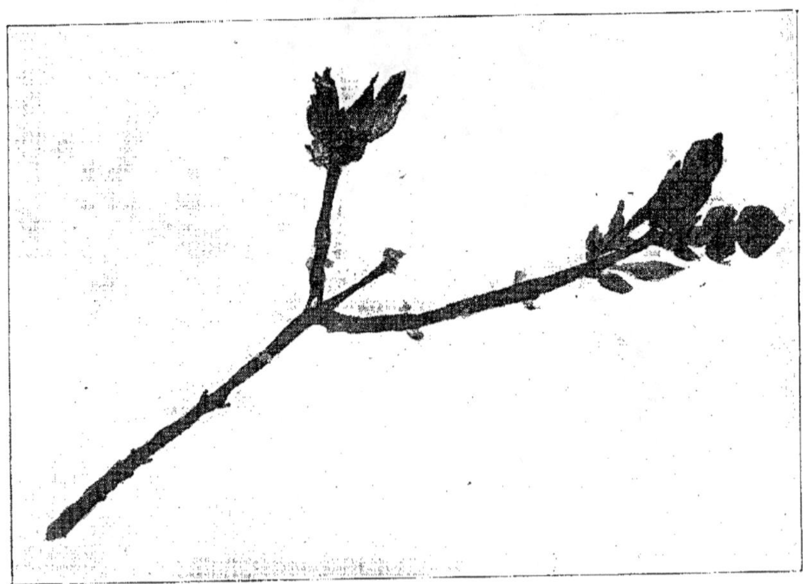

Fig. 62. — Étude d'après nature. Dessin aquarellé. Réduction au tiers de l'original.

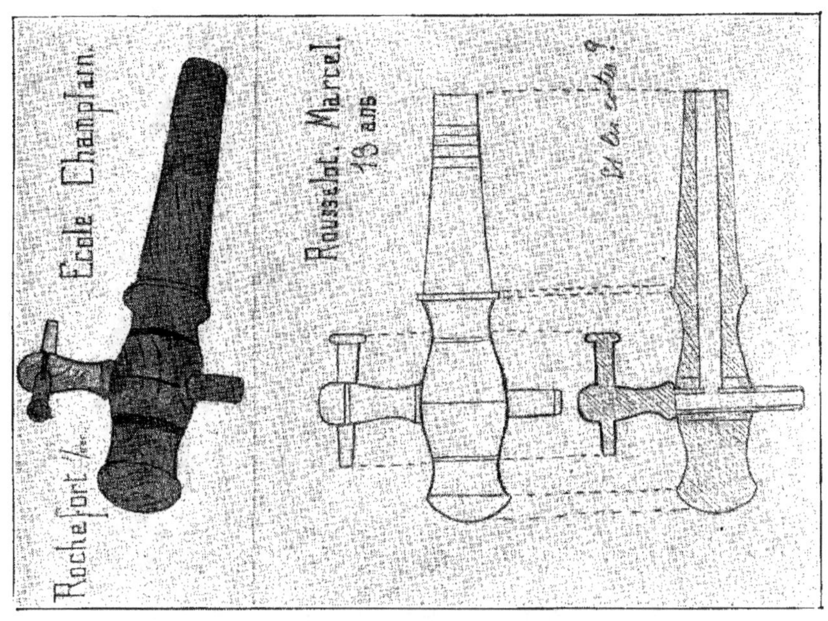

Fig. 64. — Étude d'après nature. Un robinet en bois.
Croquis à la mine de plomb et à l'aquarelle.
Réduction au tiers de l'original.

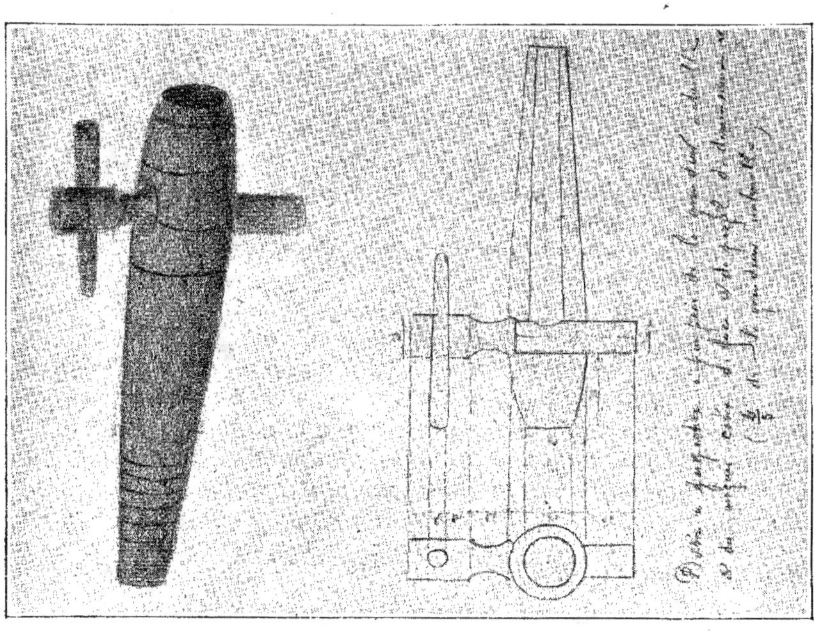

Fig. 63. — Étude d'après nature. Un robinet.
Croquis à la mine de plomb rehaussé de crayons de couleur.
Réduction au tiers de l'original.

Fig. 65. — Jeu de fond. Dessin exécuté aux crayons de couleur.
Réduction au tiers de l'original.

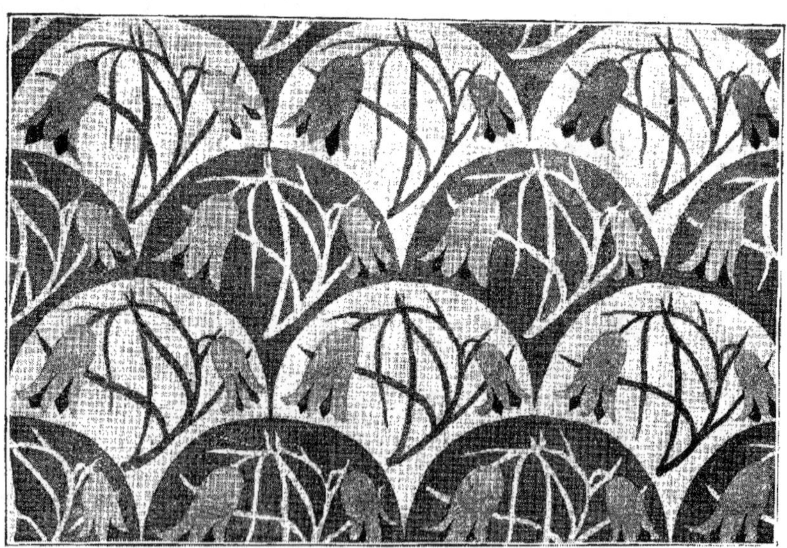

Fig. 66. — Jeu de fond. Composition exécutée à l'aquarelle.
Réduction au tiers de l'original.

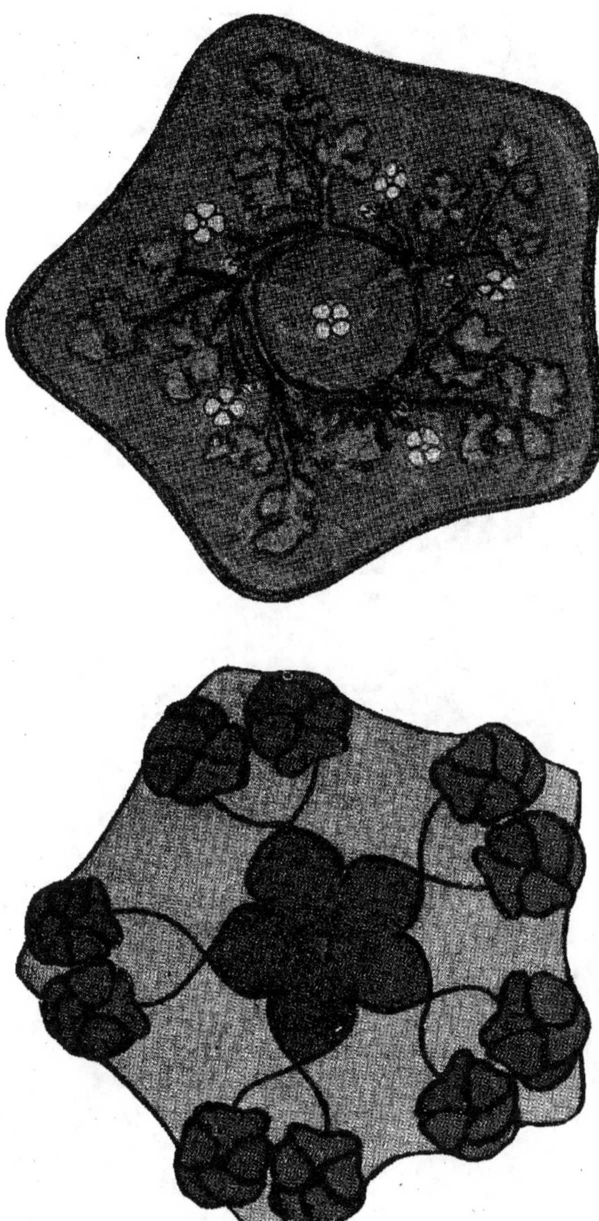

Fig. 68. — Pentagone orné. Application de soie sur velours.
Réduction au tiers de l'original.

Fig. 67. — Pentagone orné. Composition exécutée à l'aquarelle.
Réduction au tiers de l'original.

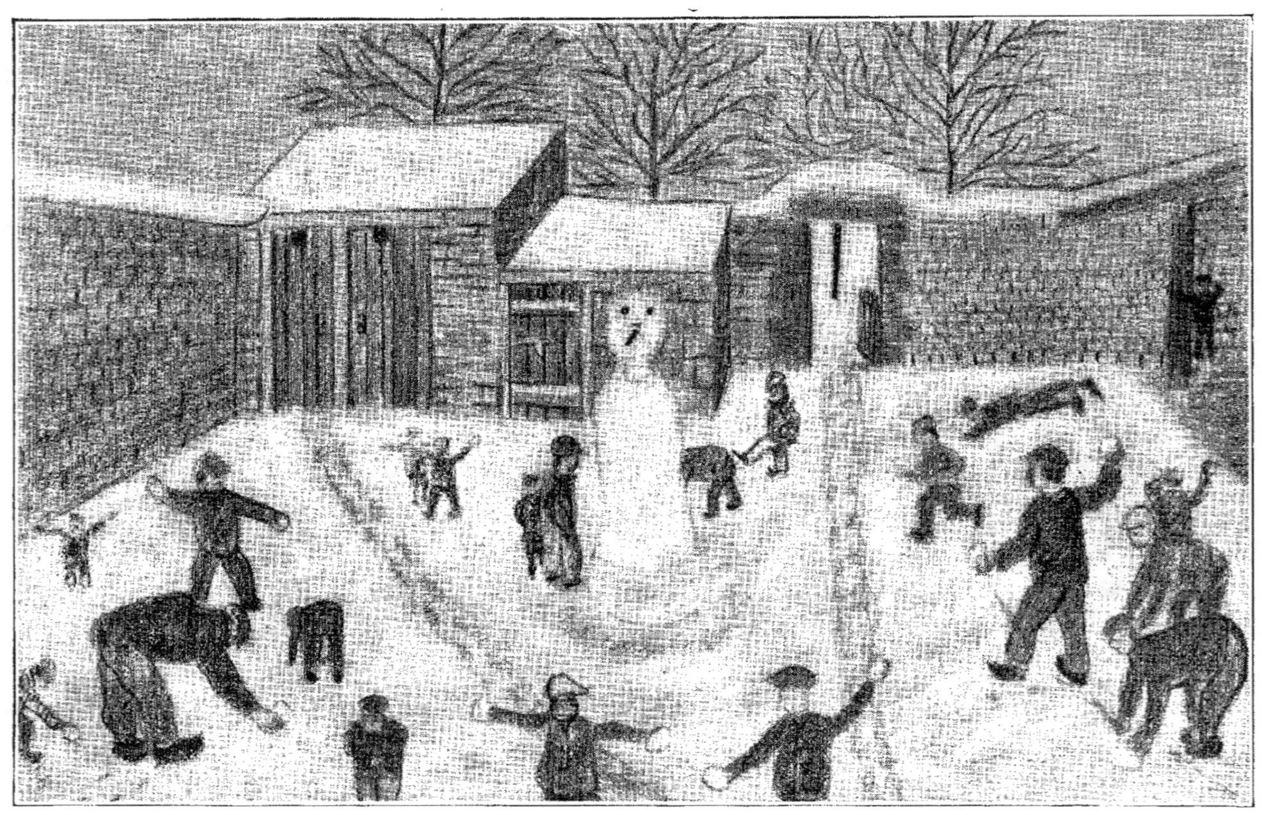

Fig. 69. — *Jeux d'hiver.* — Dessin à la mine de plomb rehaussé de crayons de couleurs. Réduction à moitié de l'original.

Première série.

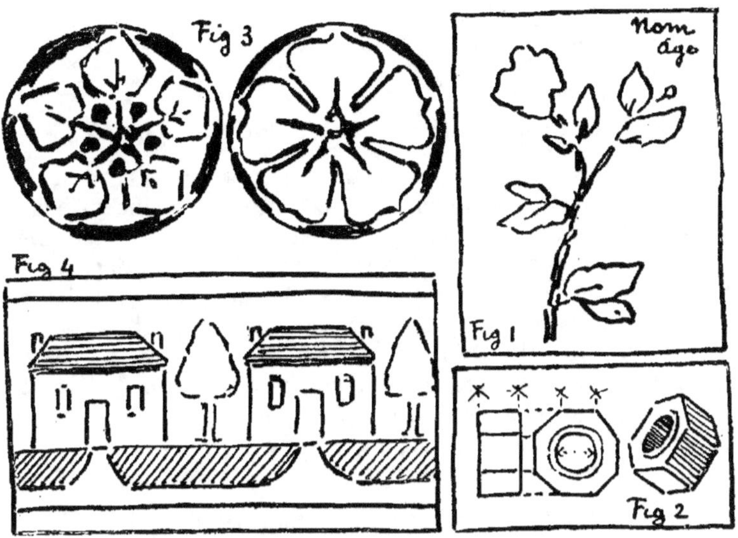

Exemples des croquis à tracer au tableau par le maître.

ÉTUDES D'APRÈS NATURE

I° *Étude de fleur.*

Nous profiterons de la saison pour dessiner des fleurs. Primevères, aubépines, giroflées, fleurs d'arbres fruitiers, etc., sont apparues ou vont apparaître et nous fourniront de charmants modèles. Il ne s'agit pas de faire un tableau de fleurs, ni le dessin d'un bouquet, ce serait trop difficile. Proposons simplement à nos élèves l'étude d'un détail, étude exécutée au crayon et rehaussée de couleurs autant que possible. Les études faites précédemment d'après des éléments naturels, brindilles de lierre et brindilles de bois mort ont généralement été bien comprises et ont donné des résultats satisfaisants ; c'est dans cet esprit qu'il faut étudier le modèle proposé aujourd'hui. Le croquis figure 1 indique une présentation dans la feuille format quart Ingres.

2° *Un coquillage.*

Il est rare qu'on ne puisse se procurer ce modèle dont les formes et les couleurs sont si intéressantes dans leur variété. La banale coquille de moule, avec ses parois intérieures nacrées, fournit un excellent motif d'étude et, à défaut de coquillages de mer, la coquille de l'escargot commun peut motiver de fort jolis dessins. Quand le modèle est de petites dimensions, il est intéressant d'en faire le dessin plus grand que nature. La grandeur des feuilles de dessin est subordonnée à l'importance des études.

3° *Un écrou ordinaire de forme hexagonale.*

Croquis cotés et croquis perspectif. Ce modèle est commun et les élèves sont invités à s'en procurer un échantillon de dimensions aussi grandes que possible. Le schéma (fig. 2) est suffisant pour montrer une disposition des croquis cotés et d'un croquis perspectif dans la feuille, format demi-quart Ingres. Une courte explication sur le rôle important de l'écrou dans la mécanique intéressera les élèves. Tous ont vu et examiné des bicyclettes. On fera appel à leurs souvenirs et on leur indiquera l'utilisation des divers écrous d'une bicyclette. Cela pourra être le thème d'un devoir illustré et la leçon sera plus suggestive encore si l'on peut appuyer la démonstration en montrant des exemples.

COMPOSITIONS DÉCORATIVES

1° *Rosace inscrite dans un cercle.*

Cette rosace, divisée en cinq ou six parties, se composera, comme il est indiqué sur le croquis de gauche (fig. 3), de feuilles placées à l'extrémité de tiges, puis de graines ou de fleurettes placées entre ces feuilles. Le croquis de droite, figure 3, montre un second parti; dans ce cas, la rosace est directement inspirée d'une fleur à cinq ou six pétales et simplement agrandie. La figure 3 est donnée à titre d'indication, mais les élèves pourront s'inspirer de tous autres éléments naturels susceptibles de motiver des rosaces composées différemment. Nous les engageons toutefois à employer des couleurs bien affirmées et des tons à plat. Le dessin aura vingt-deux centimètres de diamètre. Nous prions les maîtres de tracer au compas les circonférences sur les feuilles de papier fournies aux élèves.

2° *Une frise pour une chambre d'enfants.*

Cette frise sera composée par la répétition de mêmes éléments; des joujoux représentant une petite maison et un arbre. Le croquis (fig. 4) sera tracé au tableau pour donner aux élèves l'idée de la décoration qui leur est demandée. Ce croquis sera ensuite effacé afin que chaque élève conserve la liberté de s'exprimer à son gré. Le caractère des maisons et des arbres doit être de la plus grande simplicité. Le dessin doit rappeler les joujoux, petits arbres et maisons formant les villages minuscules, les bergeries, etc., bien connus des enfants.

Si l'on a la possibilité de montrer des exemples réels, ce sera mieux encore : la hardiesse des couleurs dont ces joujoux sont enluminés inspirera aux élèves de gaies compositions.

Les vacances de Pâques et les journées plus longues nous ont incité à donner cinq exercices de dessin pour le mois d'avril. Puis la période des examens est proche et il faut prévoir qu'à cette époque nous n'aurons que peu de temps à consacrer au dessin, aussi est-il prudent de prendre de l'avance.

Nous prions nos collaborateurs de se reporter à ce que nous avons dit dans les notes précédentes au sujet des exercices de mémoire, des dessins libres et des devoirs illustrés.

Les remarques générales qui ont été faites et transmises par les bulletins antérieurs résument les critiques les plus fréquentes qu'il convient de faire. En relisant ces observations, les maîtres s'en inspireront pour conseiller leurs élèves.

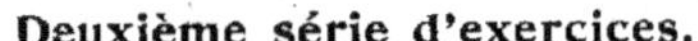

Deuxième série d'exercices.

ÉTUDES D'APRÈS NATURE

1° *Une tige avec feuilles et fleurs* (fig. 2).

L'importance de ce sujet et sa variété même font que l'on peut toujours le proposer sans crainte de lasser les élèves. Ceux-ci devront eux-mêmes apporter leur modèle. Il y aura parfois intérêt à leur demander d'avoir tous une même plante, dont le choix aura été fait par le maître. De cette manière, on pourra intéresser les élèves à la leçon en faisant, au préalable, un examen en commun du modèle.

Il faudra d'abord choisir une plante dont la fleur et la feuille soient d'aspect très simple. La description en sera mieux comprise et le travail plus aisé.

Chaque élève disposera son modèle devant lui et en fera un dessin en tenant compte de la courbe de la tige et des rapports de proportion entre les feuilles et les fleurs. Placer une feuille de papier blanc derrière le modèle pour qu'il se détache bien en silhouette. Cela facilite l'étude.

Lorsque ce travail sera terminé, on pourra demander de faire, sur la

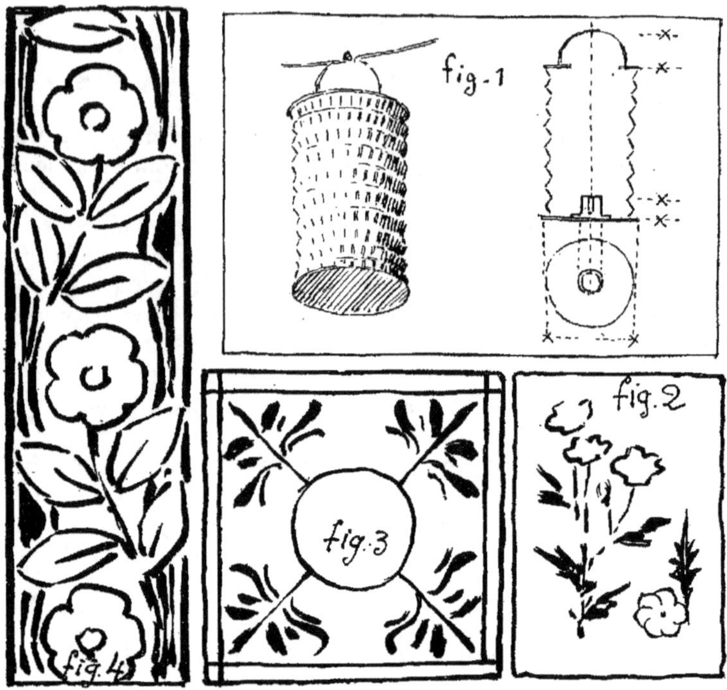

Exemples des croquis à tracer au tableau par le maître.

partie de la feuille non utilisée, un ou plusieurs dessins documentaires :
fleur vue de face et de profil, feuilles disposées à plat, etc. Cette étude
peut parfois être présentée sous forme de devoir illustré.

2° *Un lampion ou une lanterne japonaise.*

Cet accessoire de toutes les fêtes se trouve partout et c'est un excellent modèle pour les jeunes dessinateurs. — Lampions de formes cylindrique ou sphérique, ou lanterne japonaise aux formes variées; tous ces
objets sont revêtus les uns de couleurs éclatantes, les autres de couleurs
fines et harmonieuses qui motiveront de fructueuses recherches, en
outre les pliures du papier donneront l'occasion d'intéressantes remarques sur la perspective. Le ou les modèles, suspendus à une ficelle
placée à 2 mètres ou $2^m,5o$ de hauteur, seront vus par tous les élèves.

Les croquis cotés comporteront une coupe montrant le dispositif de
la partie destinée à recevoir la bougie.

Cette étude peut être exécutée sur une feuille de format 1/2 Ingres ; une partie recevra le dessin en perspective et l'autre l'ensemble des croquis cotés. D'autres objets, tels que : un sac d'écolier, une paire de ciseaux, un sabre, peuvent également être proposés comme modèle.

COMPOSITIONS DÉCORATIVES

1° *Carré orné destiné à la décoration d'un napperon* (fig. 3).

Tracer un carré aussi grand que possible dans la feuille de papier. Au centre du carré, tracer un cercle d'un diamètre égal à peu près, au tiers du côté du carré. Sur ce cercle viendront prendre naissance 4 branches se dirigeant vers les 4 angles du carré et donnant naissance à 4 groupes d'ornements qui devront être semblables.

Cette ornementation pourrait être imprimée ou brodée.

2° *Une bordure disposée verticalement* (fig. 4).

Pour l'exécution de cette bordure, destinée à être exécutée en peinture ou en broderie, il faudra d'abord tracer deux parallèles verticales allant du bord inférieur au bord supérieur de la feuille.

La surface ainsi obtenue sera divisée en parties égales, ces divisions ayant à peu près une fois et demie la largeur totale de la bordure.

Après avoir indiqué la largeur des filets qui limiteront le côté droit et le côté gauche de la bordure, une rosace assez large devra être placée sur chacune des divisions verticales. Deux tiges, l'une à droite, l'autre à gauche iront du bas en haut de la bordure, ces tiges pourront être légèrement ondulées se resserrant entre les fleurs et contournant ces dernières. Alternativement, des tiges secondaires viendront se raccorder aux tiges latérales et supporteront les fleurs.

Des feuillages seront répartis dans les surfaces comprises entre les fleurs, ces feuillages pourront déborder légèrement sur les filets latéraux.

Description des planches de dessins.

ÉTUDES D'APRÈS NATURE

Fig. 70. — Étude de gueule de loup. Dessin exécuté très simplement. Une silhouette bien cherchée et des tons à plat. Les différences de valeurs formées par le dépôt de la couleur à l'aquarelle donnent suffisamment l'impression du modelé. La présentation dans la feuille est décorative. Provient du Pas-de-Calais. Age de l'élève, 14 ans. Note 19.

Fig. 71. — Étude de lychnis. Exécuté dans le même esprit que le précédent dessin, celui que reproduit la figure 71 est l'œuvre d'un élève âgé de 10 ans. Il est pris parmi ceux de toute une classe qui tous présentaient un intérêt équivalent. Provient des Ardennes. Note 18.

Fig. 72. — **Étude de chardon**. Voici encore un excellent dessin rehaussé d'aquarelle. La reproduction permet d'apprécier la souplesse de l'exécution. Aucune sécheresse dans les contours, et la coloration est aussi délicate que le dessin est vrai. Provient de la Charente. Age de l'élève, 12 ans. Note 20.

Fig. 73. — **Un coquillage**. L'on peut reconnaître sur la reproduction avec quelle conscience la forme de ce coquillage a été étudiée. Les fines colorations sont également bien traduites. Exécuté sur papier légèrement jaunâtre. Provient du Loir-et-Cher. Age de l'élève, 10 ans 1/2. Note 19.

Fig. 74. — **Coquillages**. Très bonnes études possèdant d'autres qualités que le précédent dessin. L'exécution en est plus souple, les contours ont moins de sécheresse, la recherche est faite surtout dans le sens de la couleur. Provient de la Charente-Inférieure. Age de l'élève, 12 ans. Note 20.

Fig. 75. — **Un écrou**. La clarté de ces figures rend inutile leur description. Bon croquis provenant de la Meuse. Age de l'élève, 13 ans. Note 19.

Fig. 76. — **Un écrou**. Provient du département de la Manche. Age de l'élève, 14 ans. Note 19.

Fig. 77. — **Un écrou**. Quelque exagération dans les dimensions du dessin en perspective. Provient du Tarn. Age de l'élève, 12 ans. Note 19.

COMPOSITIONS DÉCORATIVES

Fig. 78. — **Rosace**. Composition bien ordonnée et d'une harmonie agréable. Les feuilles d'un vert chaud et les fleurs blanches se détachent sur un fond rouge cerise amorti. La partie centrale des fleurs est jaune. Provient du département de la Meuse. Age de l'élève, 11 ans. Note 17.

Fig. 79. — **Rosace**. Large et belle interprétation décorative d'une fleur à cinq pétales. Un beau ton bleu sourd, légèrement plus foncé à la partie centrale, fait valoir vigoureusement le blanc des pétales. La dureté qui aurait pu résulter du contraste est évitée par un sertis jaune terre de Sienne profilant tout le dessin et qu'on peut apercevoir sur la reproduction. Provient du département du Rhône. Age de l'élève, 12 ans 1/2. Note 20.

Frise pour une chambre d'enfants. Les trois compositions reproduites ici ont toutes la qualité qui convient à cette décoration : la simplicité. Elles ne diffèrent que par le caractère des détails et par la coloration :

Fig. 80. — Sur le fond blanc du papier, maisons blanches au toit bleu foncé, fenêtres et balcons bleu clair, arbres et pelouses verts, palissades rouge brun. La valeur des arbres est exagérée sur la reproduction. Provient du département du Morbihan. Age de l'élève, 13 ans. Note 15.

Fig. 81. — Très fine composition dont malheureusement la reproduction ne traduit qu'incomplètement l'effet. Sur le fond bleu pâle du ciel, les toits rouges donnent une note joyeuse, les murs sont mouchetés de petites taches jaunes, les volets sont également jaunes, mais moins foncés qu'ils ne le paraissent sur la figure 81. Arbres et bordure de couleur brune, les feuillages et les pelouses verts. Provient du Cher. Age de l'élève, 10 ans. Note 18.

Fig. 82. — Composition d'un joli effet décoratif. La souplesse des lignes et les colorations amorties forment une harmonie agréable. Les couleurs dominantes sont le jaune et le vert. Ciel et maisons jaune pâle, maisons de valeur plus claire, avec des toits bleu gris, arbres, balustrades, volets, pelouses et filets latéraux, verts de qualités différentes. Provient de la Loire-Inférieure. Age de l'élève, 13 ans 1/2. Note 17.

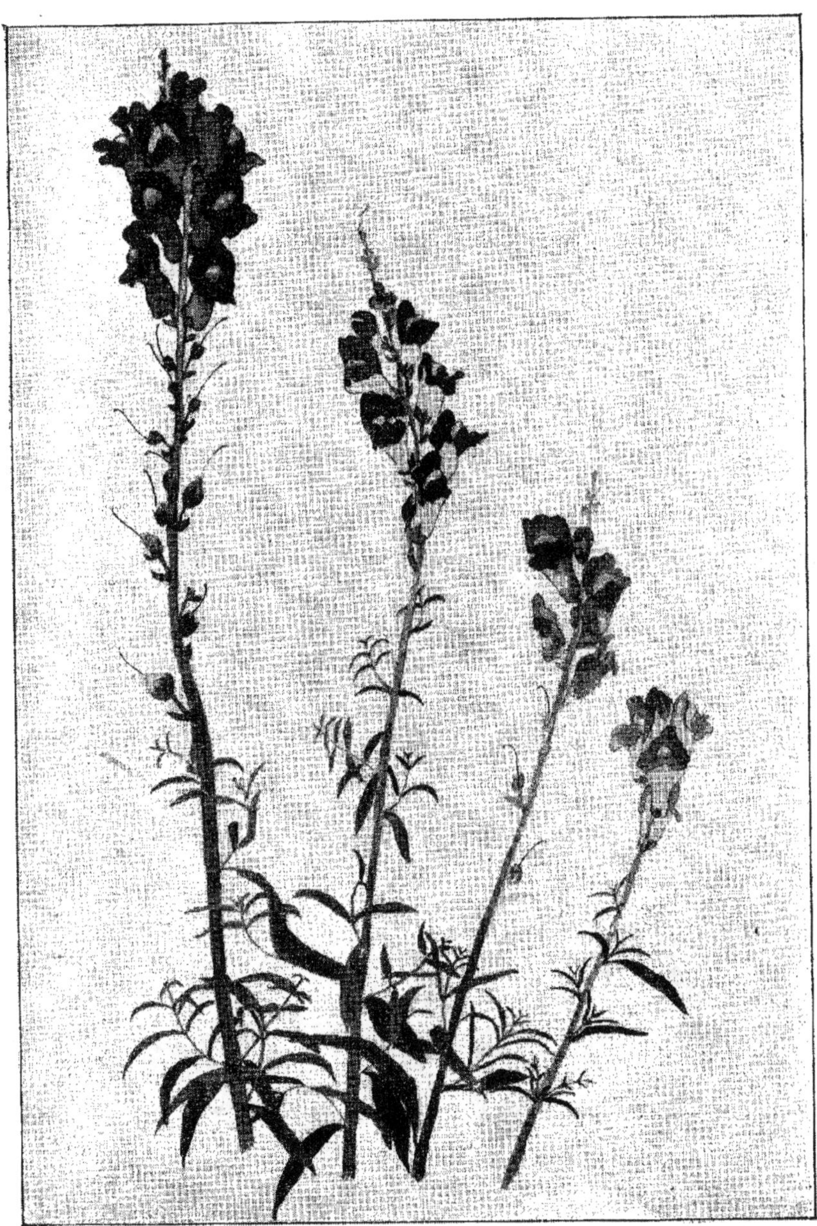

FIG. 70. — Etude d'après nature. Dessin aquarellé. Réduction au tiers de l'original.

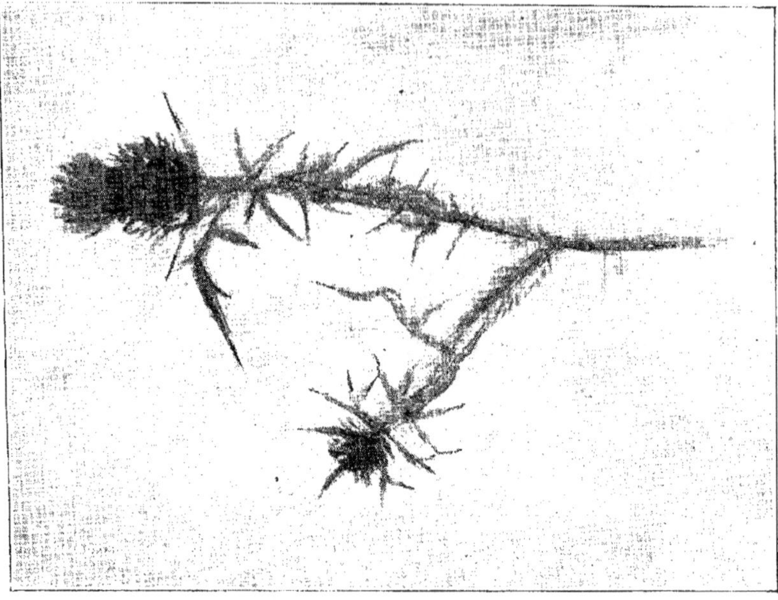

Fig. 72. — Etude d'après nature. Dessin aquarelle.
Réduction au tiers de l'original.

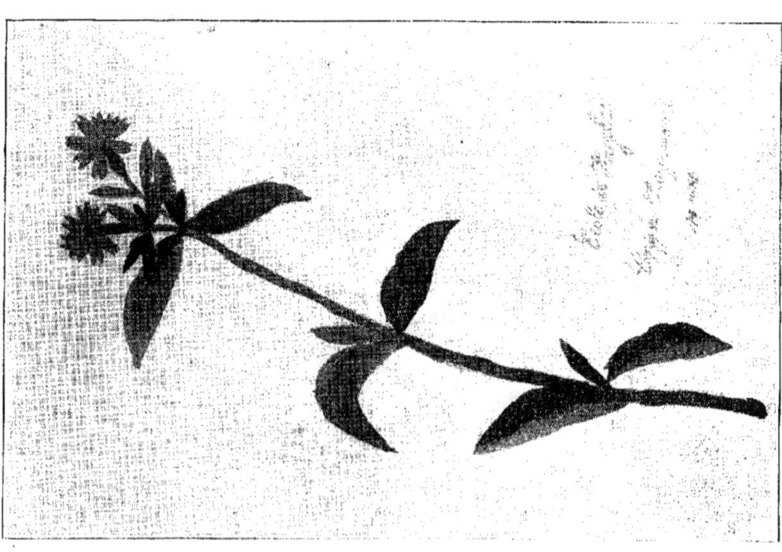

Fig. 71. — Étude d'après nature. Dessin aquarellé.
Réduction au tiers de l'original.

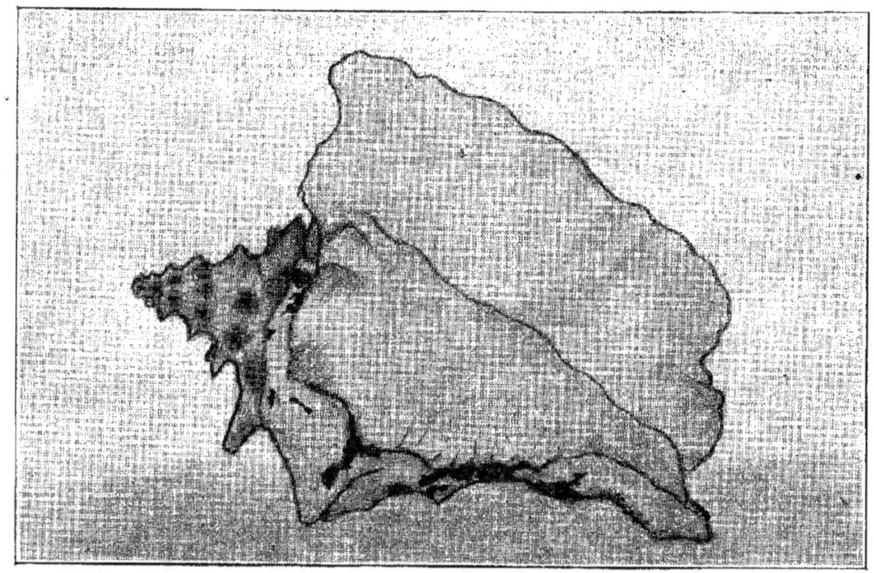

Fig. 73. — Étude d'après nature. Dessin à la mine de plomb rehaussé d'aquarelle.
Réduction à moitié de l'original.

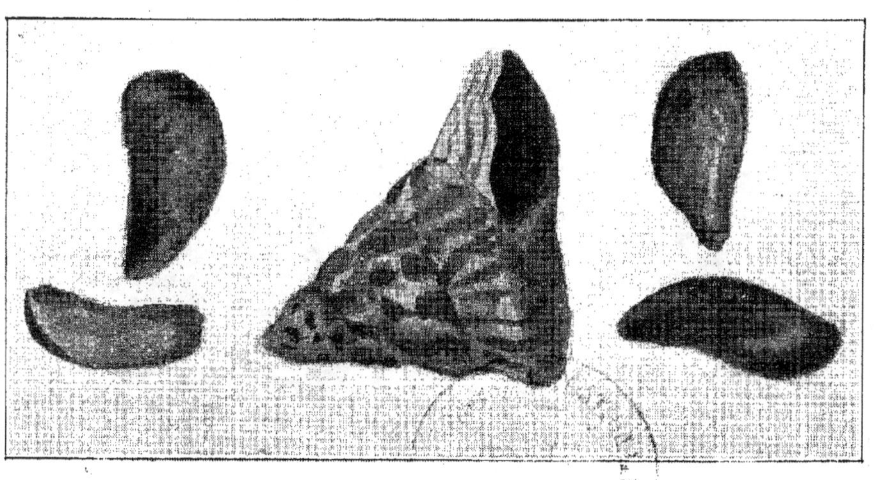

Fig. 74. — Études d'après nature. Aquarelle.
Réduction aux deux cinquièmes de l'original.

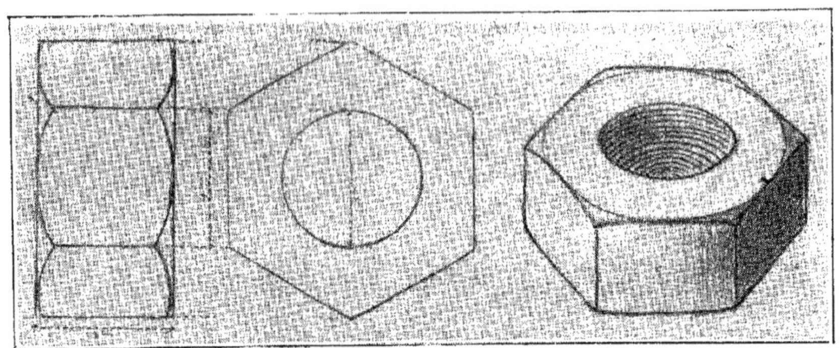

Fig. 75. — Étude d'après nature. Croquis coté. Exécuté à la mine de plomb.
Réduction aux deux cinquièmes de l'original.

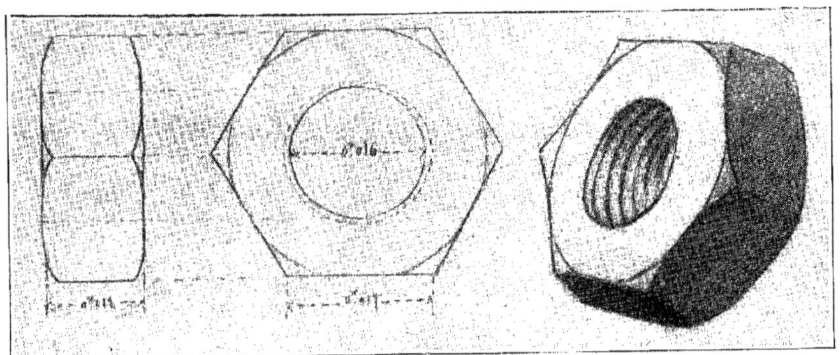

Fig 76. — Étude d'après nature. Croquis coté. Exécuté à la mine de plomb.
Réduction à moitié de l'original.

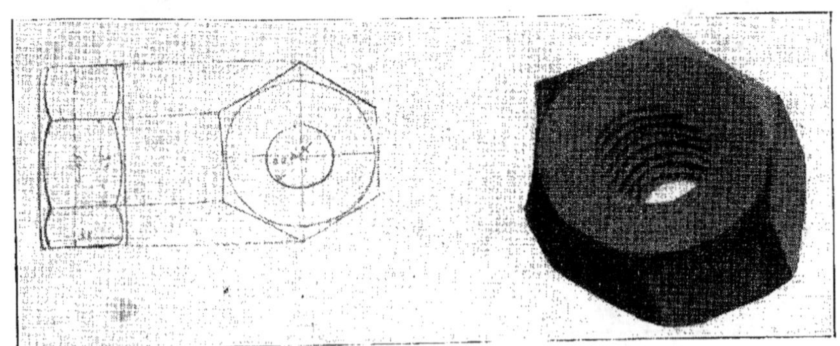

Fig. 77. — Étude d'après nature. Croquis coté. Exécuté à la mine de plomb et rehaussé
d'aquarelle. Réduction au tiers de l'original.

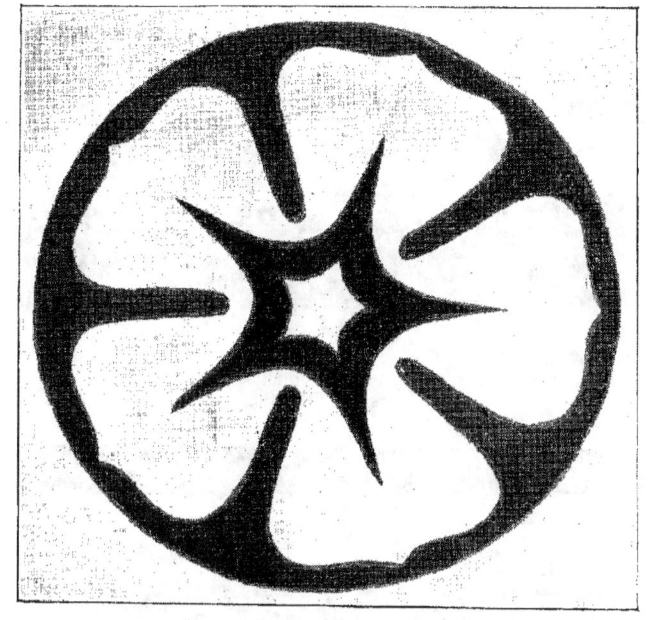

Fig. 79. — Rosace. Composition exécutée à l'aquarelle.
Réduction au tiers de l'original.

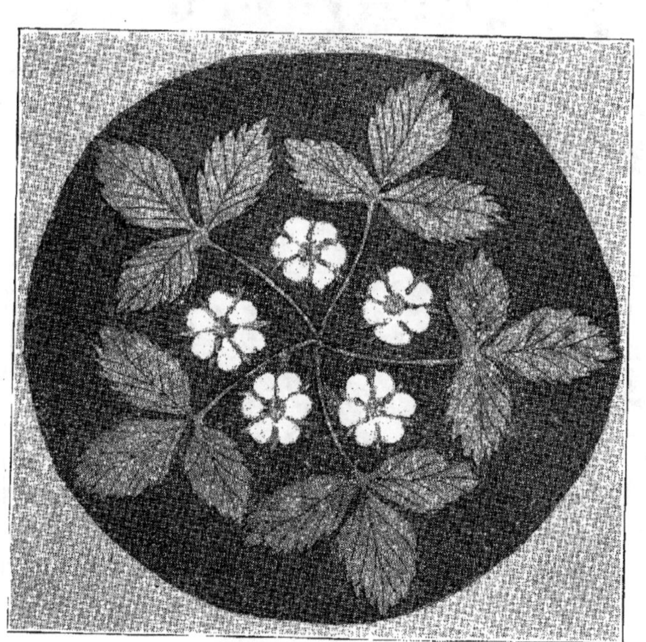

Fig. 78. — Rosace. Composition exécutée à l'aquarelle.
Réduction au tiers de l'original.

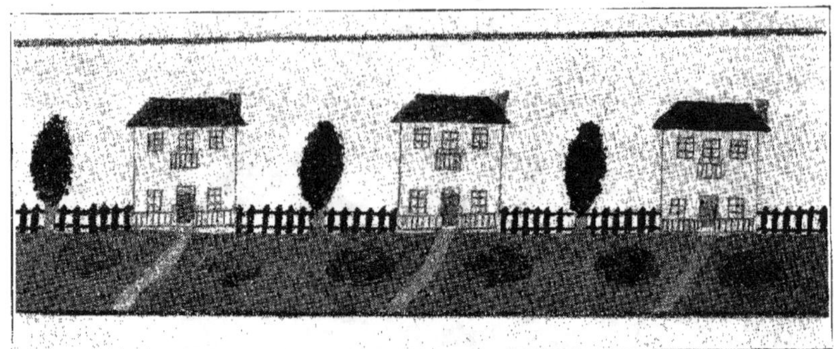

Fig. 80. — Petite frise pour une chambre d'enfants. Dessin aquarelle.
Réduction au tiers de l'original.

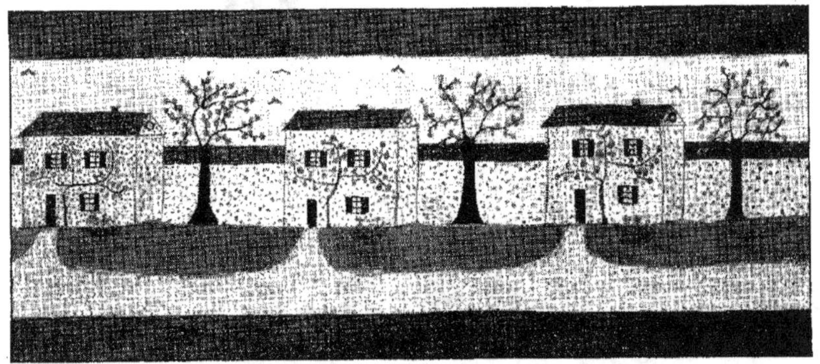

Fig. 81. — Petite frise pour une chambre d'enfants. Dessin aquarellé.
Réduction aux deux cinquièmes de l'original.

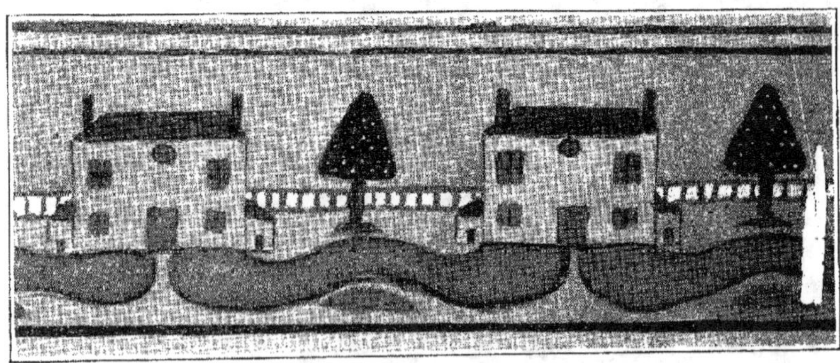

Fig. 82. — Petite frise pour une chambre d'enfants. Dessin aquarellé.
Réduction aux deux cinquièmes de l'original.

Première série.

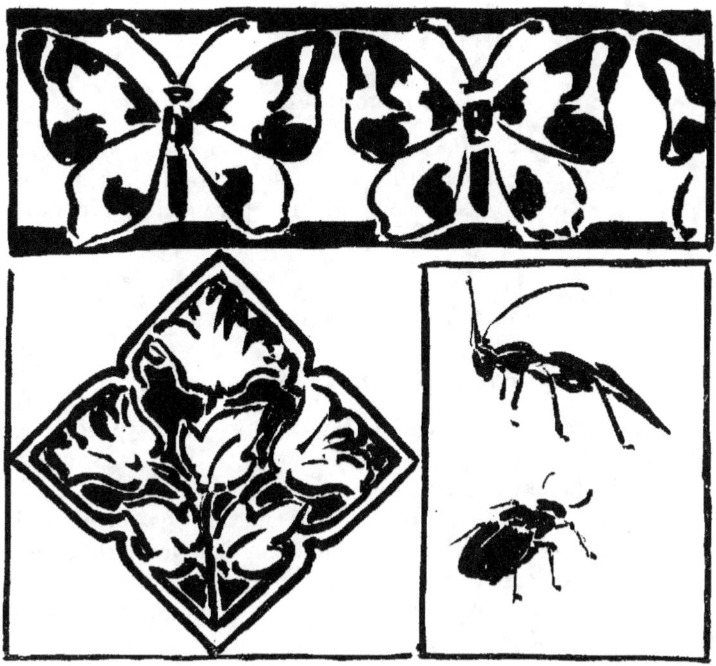

Exemples des croquis à tracer au tableau par le maître.

ÉTUDES D'APRÈS NATURE

1° Un légume, radis ou navet rave, avec ses feuilles.

Deux ou trois dessins de radis de formes différentes seront dessinés sur une même feuille de format quart-Ingres 31 × 22. Les couleurs blanche et violette du navet rave et la couleur carminée du radis offriront des ressources aux jeunes coloristes.

2° Un insecte.

On demande le dessin d'un insecte ou de plusieurs insectes vus dans différentes positions, ainsi qu'il est indiqué sur le croquis ci-contre. La saison sera bientôt propice à la capture de sujets qui serviront de modèles. Les élèves se chargeront de trouver hannetons, coccinelles,

blaps, xylocopes violets, sauterelles, carabes dorés ou mouches com
munes. Ces études d'après nature peuvent être faites dans des dimensions un peu plus grandes que celles du modèle; dans ce cas, l'amplifi-
cation est indiquée par la mention : *plus grand que nature ou grandeur
double*, etc. Format des feuilles quart-Ingres.

3° *Un couteau.*

Les élèves sont invités à dessiner leur couteau, s'ils en possèdent un,
ou tel couteau qu'ils se procureront et à fournir une représentation de
cet objet par des croquis cotés en géométral et par un croquis perspectif.
Format des feuilles quart-Ingres.

COMPOSITIONS DÉCORATIVES

1° *Ornementation d'un galon.*

Ce galon, mesurant 8 à 10 centimètres de largeur, sera décoré par la
répétition d'un même élément : un papillon. Le croquis tracé au tableau
par le maître indiquera la disposition, l'initiative des enfants s'exercera
par le choix des formes et des couleurs. Il ne s'agit pas de reproduire
l'image d'un papillon comme celles qui figurent dans les livres d'histoire
naturelle, l'on ne demande pas ici le dessin d'un insecte avec l'exactitude scientifique nécessaire à un document de zoologie. Cela pourrait
convenir pour l'exercice de dessin d'après nature proposé ci-dessus,
mais non pour une ornementation. En décoration, nous avons une plus
grande liberté, nous amplifierons les ailes du papillon, si nous jugeons
qu'ainsi elles font un meilleur effet décoratif, les antennes deviendront
de simples lignes ornementales et nous modifierons à notre gré la forme
et la couleur des taches décorant les ailes. On doit s'appliquer à trouver,
pour le fond du galon, une couleur qui fasse valoir les colorations
adoptées pour les papillons.

2° *Un carré orné.*

Ce carré, de 16 centimètres de côté, pourra, suivant sa destination,
laissée au choix de chacun, être exécuté en céramique, en étoffe appliquée ou en broderie. La répétition de ce motif décoratif pourrait former
une frise architecturale ou trouver son emploi dans la décoration d'un
lambrequin de cheminée, de lit, ou la bordure d'un tapis. Le décor, indiquant le sens vertical, se compose de trois fleurs ou de trois groupes de
fleurettes ou de graines, placés dans les angles supérieurs, et de feuilles
se répartissant dans la partie inférieure. Un large filet limitera le carré

sur ses quatre côtés. Trois tons au plus seront employés et, pour cette composition, nous demandons aux élèves de chercher des harmonies avec des couleurs foncées, la note claire étant donnée par les fleurs.

DESSINS FAITS LIBREMENT HORS LA CLASSE

A cette époque de l'année, on doit inviter les élèves à choisir les sujets des dessins faits hors la classe dans les spectacles que présente la nature, un paysage, une maison, des scènes agricoles ou des scènes de la rue. Encore une fois, en procédant ainsi, nous n'avons pas la prétention d'obtenir des dessins parfaits ; notre but est d'aiguiser l'esprit d'observation chez l'enfant en l'obligeant à regarder les choses tout en l'intéressant à ces choses.

Nous ne répétons point ce qui a été dit dans les notes antérieures, à propos de l'exécution des dessins ; les progrès réalisés généralement prouvent que l'on a compris et tenu compte des remarques, des observations et des critiques formulées précédemment[1].

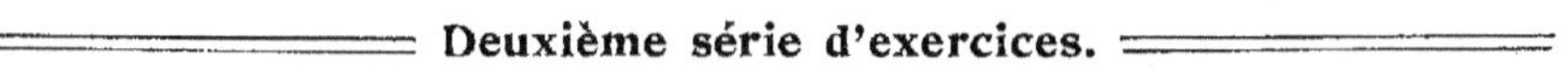

Deuxième série d'exercices.

ÉTUDES D'APRÈS NATURE

1° *Une branchette de rosier en boutons.*

Il faut profiter de l'époque de la floraison pour choisir des études toujours bien agréées par les enfants. Mai est le mois des roses, aussi proposons-nous à nos élèves le dessin d'une brindille de rosier portant un ou plusieurs boutons. Certains boutons de rose, suivant les espèces, présentent par leur forme un tel intérêt décoratif qu'on peut en proposer l'étude séparée en amplifiant les dimensions naturelles. Dans ce cas, cette étude complémentaire se place près de l'étude d'ensemble de la branchette et sur un côté de la feuille, comme il est indiqué figure 1.

2° *Un panier ou corbeille* (fig. 2).

Le panier choisi devra être assez grand pour que les élèves puissent bien, de leur place, en voir la forme générale et les détails. En présentant le modèle, le maître pourra en faire une petite description orale,

---

1. Les progrès mentionnés ici avaient été constatés à Paris par l'inspection générale à laquelle les dossiers de tous les départements étaient transmis.

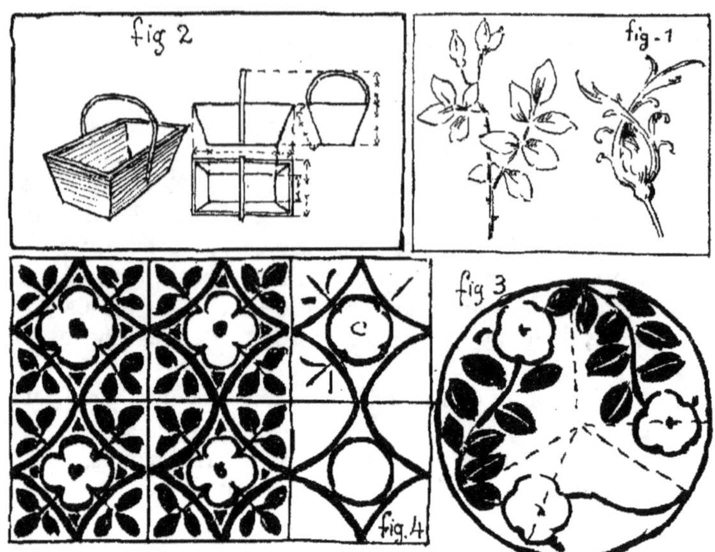

Exemples des croquis à tracer au tableau par le maître.

montrer les dispositions générales, donner quelques renseignements sur sa fabrication et les multiples usages auxquels il est destiné.

Les élèves exécuteront d'abord le dessin à vue sur un côté de la feuille.

Ils auront ensuite à en exécuter un croquis coté.

Il conviendra ici de faire une vue de profil pour faire comprendre la forme exacte de l'anse.

Une boîte en bois, avec ou sans couvercle, une boîte d'allumettes peuvent être les thèmes de leçons analogues.

COMPOSITIONS DÉCORATIVES

1° *Décoration d'une surface circulaire pouvant être utilisée pour un dessus de tabouret ou un coussin* (fig. 3).

Cette décoration, de forme circulaire, serait exécutée en broderie, au canevas, ou en étoffe appliquée.

Si possible, montrer aux élèves des exemples de ces différentes réalisations qui comportent l'une et l'autre un dessin très simple.

Le maître tracera au tableau une circonférence (fig. 3) représentant l'ensemble de la surface à décorer.

Les masses générales de la décoration devront être réparties en trois groupes; à cet effet la circonférence sera d'abord divisée en trois parties 1, 2, 3. Chacune de ces divisions pourra servir de départ à une branche ou à un ensemble de motifs. Les trois motifs seront semblables et disposés de la même manière dans leurs divisions respectives.

Il faudra, autant que possible, maintenir l'ensemble décoratif sur les bords et laisser le centre un peu moins décoré.

Les ornements floraux que les élèves auront à imaginer devront être faits très simplement, très largement et, peu ou pas modelés. Recommander aux élèves de ne pas copier leurs ornements sur des gravures, mais de les dessiner de mémoire ou d'après des études faites d'après nature. N'employer qu'un nombre restreint de couleurs.

2° *Un carrelage* (fig. 4).

Il s'agit de trouver la décoration d'un carreau en terre, destiné à un carrelage. Un carrelage étant vu de tous les côtés, la décoration des carreaux qui le composent ne doit pas avoir de sens mais être symétrique.

Le schéma d'ensemble de notre composition consistera donc en un carré inscrit dans un autre carré. Une rosace ornera la partie centrale et des brindilles s'échappant de cette rosace iront décorer les angles.

Comme il est indiqué dans le croquis ci-contre, les bords du carré inscrit pourront être incurvés vers le centre, ce qui, dans l'ensemble du carrelage, donnera une combinaison géométrique moins rigide.

Filets, fleurs et ornements devront être simples de forme, larges de dessin, et de couleur sobre. Le camaïeu produit presque toujours l'effet le plus satisfaisant pour le décor d'un carrelage. D'autre part, les procédés de fabrication ne permettent pas de détails minutieux, et, de plus, un carrelage doit donner l'impression d'une chose solide.

Tous les carreaux devront être absolument semblables, ou alternés, comme couleur seulement, deux à deux.

Il sera nécessaire de faire, au moins six carreaux pour avoir une idée de l'effet d'ensemble.

Description des planches de dessins.

ÉTUDES D'APRÈS NATURE

Fig. 83. **Un navet.** — L'excellente étude, dont nous donnons la reproduction, ne mérite que des éloges. L'original présente moins de dureté que la reproduction, les verts des feuilles ont plus de diversité de valeurs que les noirs de la figure 83. Provient de la Dordogne. Age de l'élève, 13 ans 1/2. Note 20.

Fig. 84. **Un artichaut.** — Dessin aux crayons de couleurs. Ce dessin de tonalité grise, suit de très près la nature et forme une excellente étude par la conscience apportée dans l'observation de toutes les parties. Nous pensons qu'on ne peut obtenir davantage dans ce sens, à l'école primaire. Provient du département de l'Aube. Age de l'élève, 15 ans. Note 19.

Fig. 85. **Un radis.** — Ce dessin d'un radis a des qualités très différentes de celui de l'artichaut; celui-ci valait par la ligne, celui-là vaut par la couleur.

Les détails ont été sacrifiés à l'impression d'ensemble; la coloration hardie et la liberté de l'exécution ajoutent au caractère vigoureux de ce dessin. Provient du département de l'Aube. Age de l'élève, 12 ans. Note 19.

Chacun des trois dessins ci-dessus a des mérites particuliers, résultant d'une interprétation et d'une exécution différentes. Les reproductions figures 83, 84 et 85 permettent de reconnaître ces différences.

Fig. 86. **Insectes.** — Interprétations intéressantes de la part d'un jeune élève. Les proportions sont assez bien observées et les couleurs imaginées sont jolies. Provient de l'Allier. Age de l'élève, 9 ans. Note 15.

Fig. 87. **Insectes.** — Dessins aquarellés. Excellentes études traduisant bien le caractère des modèles. Les reproductions sont assez bonnes pour qu'on se rende compte de l'exécution et des rapports de valeur qui sont fort justes. Provient du département du Gers. Age de l'élève, 14 ans. Note 19.

Fig. 88 et 89. **Un couteau.** — Croquis perspectif et croquis coté. Bien que la reproduction en soit un peu grise, on peut cependant apprécier l'aspect des originaux. La présentation dans la feuille est satisfaisante, les cotes sont clairement indiquées. Le croquis perspectif est un peu inférieur dans le second dessin. Fig. 88, dessin provenant du département d'Indre-et-Loire. Age de l'élève, 12 ans. Note 20. — Fig. 89, dessin provenant du département de Meurthe-et-Moselle. Age de l'élève, 12 ans. Note 18.

COMPOSITIONS DÉCORATIVES

Fig. 90. **Ornementation d'un galon.** — Ingénieuse interprétation du programme; l'harmonie est originale, fond bleu gris, filets latéraux roux, papillons blancs avec des taches, jaune ocre, rouge et noir. Provient de Maine-et-Loire. Age de l'élève, 12 ans. Note 17.

Fig. 91. **Ornementation d'un galon.** — La coloration est moins affirmée dans cette composition que dans la précédente. Par contre, le caractère de légèreté du papillon est mieux interprété. Coloration un peu fade, fond violet pâle, papillon jaune pâle avec taches bleu clair. Filets latéraux de couleur brune. Provient de Seine-et-Marne. Age de l'élève, 13 ans. Note 17.

Fig. 92. **Ornementation d'un galon.** — Par la richesse de sa coloration, cette composition est plus décorative que les deux dessins ci-dessus. La reproduction en noir ne permet malheureusement pas d'apprécier toutes ses qualités. Le fond est de couleur bise et les filets latéraux brun foncé. Les ailes des papillons bleu clair assez affirmé, l'extrémité des ailes bleu foncé avec des taches blanches et rouges. Corps des papillons, bleu. Provient du département du Nord. Age de l'élève, 13 ans. Note 19.

Fig. 93. **Carré orné.** — Éléments larges et traités décorativement. Cependant la trop parfaite symétrie donne quelque froideur à l'ensemble. La coloration en tons à plat fait bon effet. Le fond est vieux rose, les fleurs rouge écarlate à l'intérieur et rouge saumon à l'extérieur, les feuillages vert gris. Provient du Jura. Age de l'élève, 12 ans. Note 16.

Fig. 94. **Carré orné.** — Les éléments décoratifs sont répartis avec plus de liberté que dans le précédent dessin et l'ensemble est fort agréable. Le dessin des fleurs et des feuilles manque cependant de décision et de caractère. Coloration hardie et intéressante; fond jaune d'or, fleurs rouge écarlate serties d'un trait gris foncé, feuilles vertes. Provient du département d'Indre-et-Loire. Age de l'élève, 12 ans. Note 17.

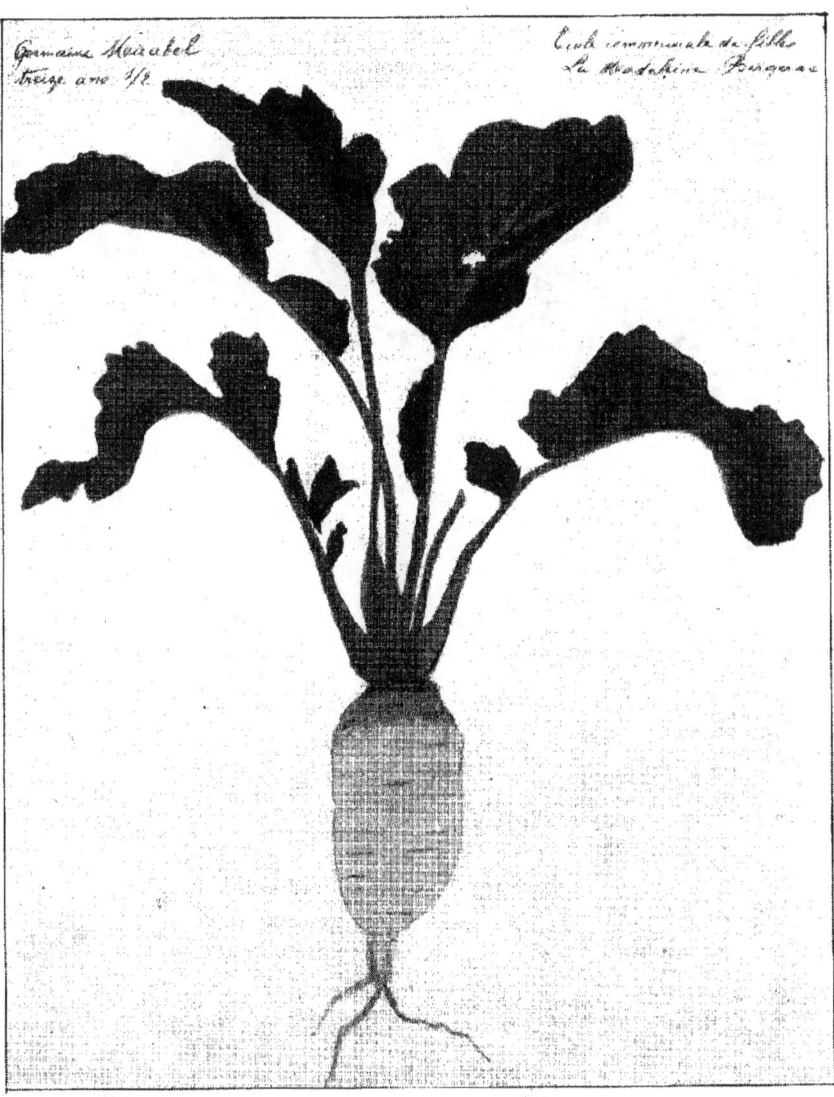

FIG. 83. — Étude d'après nature. Dessin aquarellé.
Réduction aux deux cinquièmes de l'original.

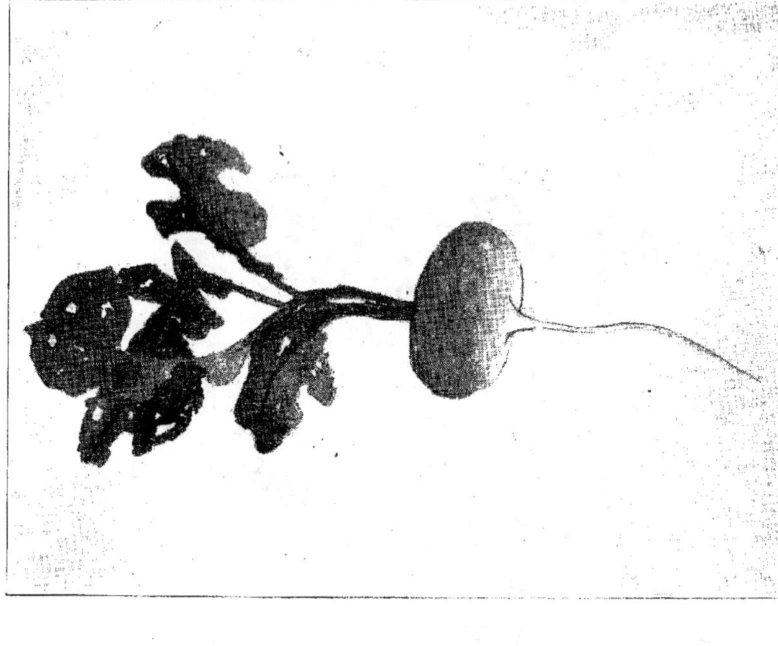

Fig. 85. — Un radis. Dessin aquarellé.
Réduction au tiers de l'original.

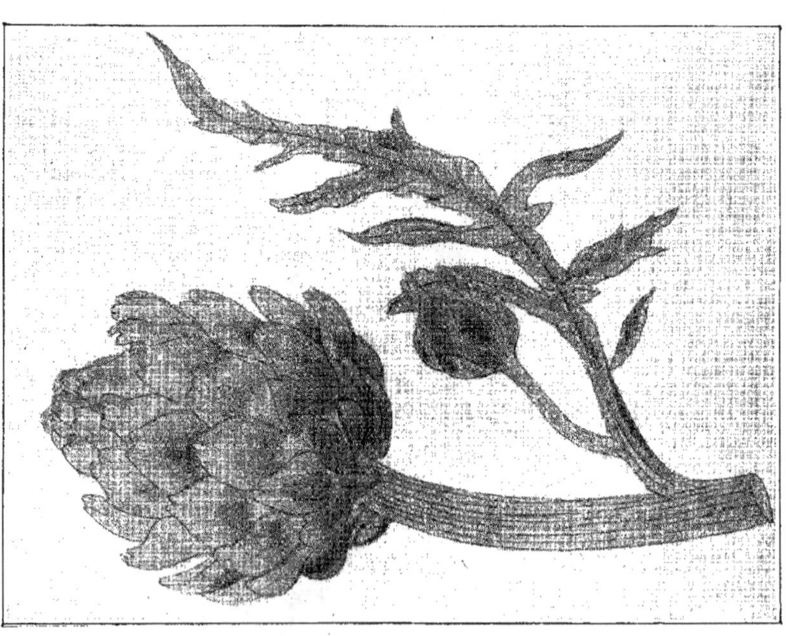

Fig. 84. — Un artichaut.
Dessin à la mine de plomb rehaussé de crayons de couleur.
Réduction aux deux cinquièmes de l'original.

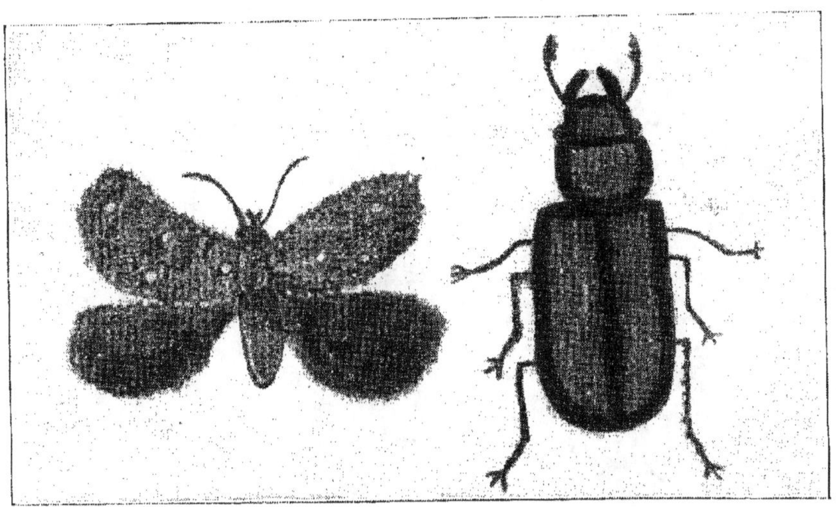

FIG. 86. — Études d'après nature. *Insectes*. Dessins aux crayons de couleur.
Réduction aux trois quarts de l'original.

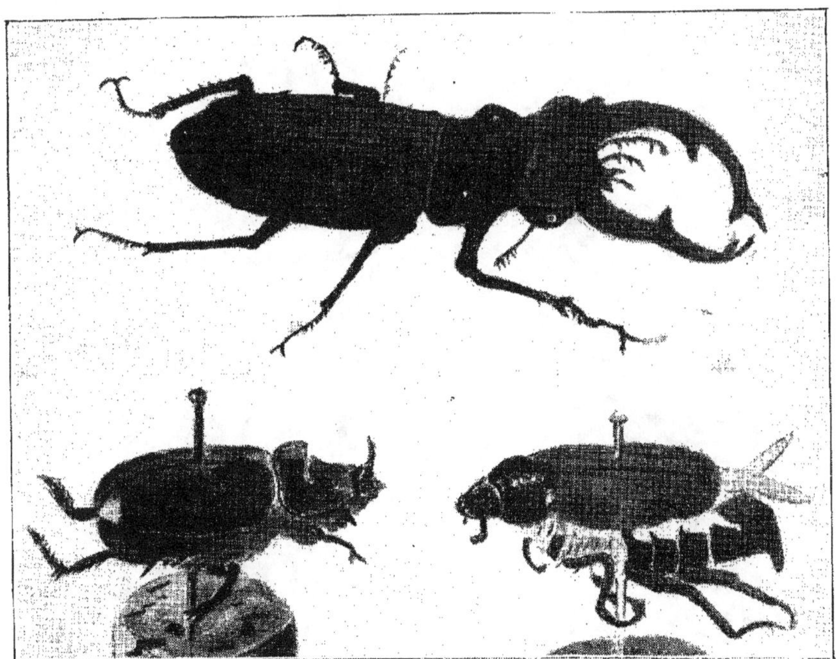

FIG. 87. — Études d'après nature. *Insectes*. Aquarelles.
Réduction aux trois quarts de l'original.

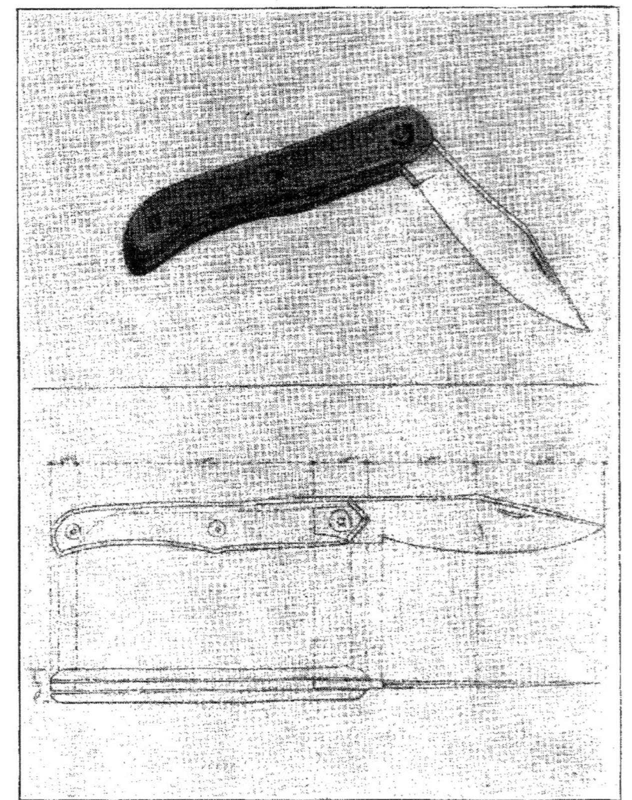

FIG. 88. — Étude d'après nature.
Croquis coté. Dessin à la mine de plomb rehaussé d'aquarelle.
Réduction au tiers de l'original.

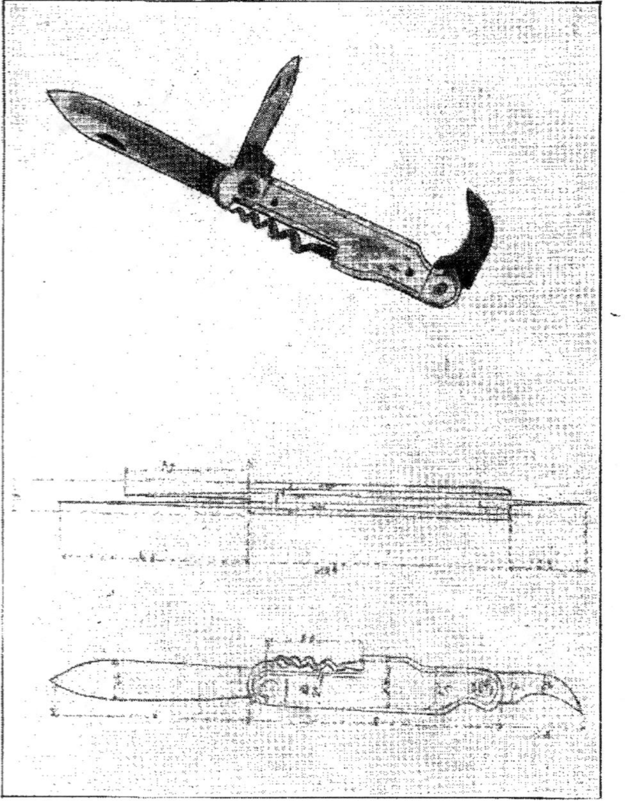

FIG. 89. — Étude d'après nature.
Croquis coté. Dessin à la mine de plomb et aux crayons de couleur.
Réduction au tiers de l'original.

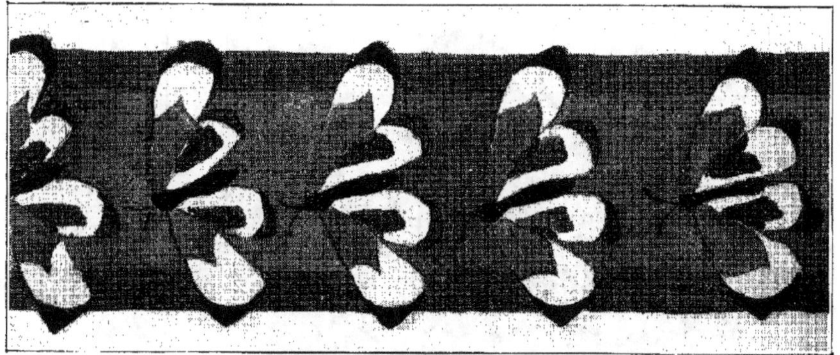

Fig. 90. — Galon orné. Dessin aquarellé. Réduction au tiers de l'original.

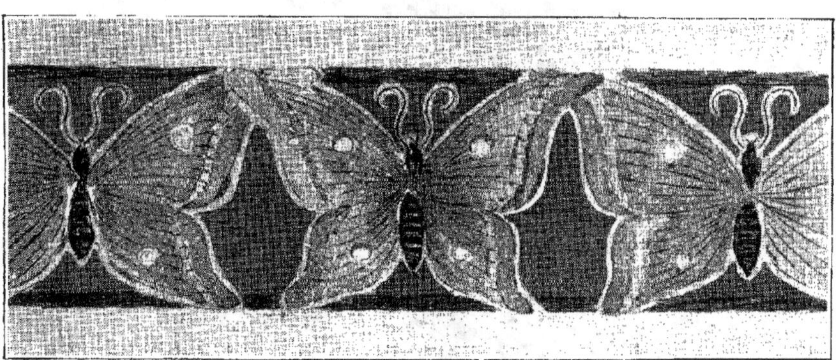

Fig. 91. — Galon orné. — Dessin aquarellé. Réduction au tiers de l'original.

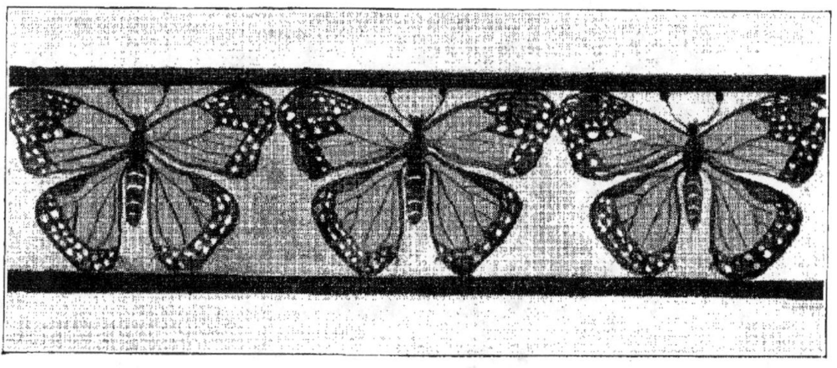

Fig. 92. — Galon orné. Composition exécutée à l'aquarelle .
Réduction au tiers de l'original.

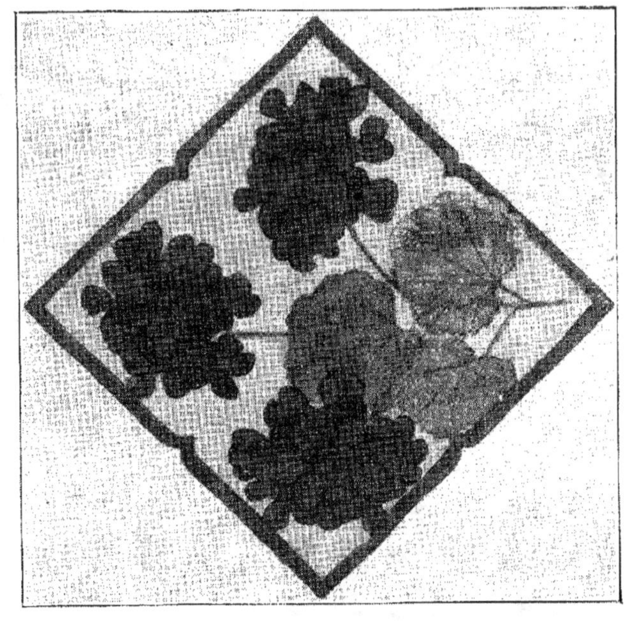

Fig. 94. — Carré orné. Composition exécutée à l'aquarelle.
Réduction au tiers de l'original.

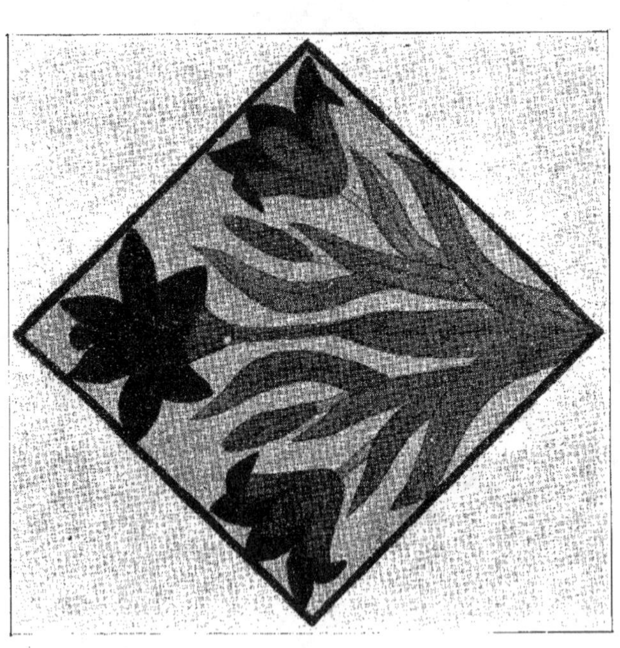

Fig. 93. — Carré orné. Composition exécutée à l'aquarelle.
Réduction au tiers de l'original.

Première série.

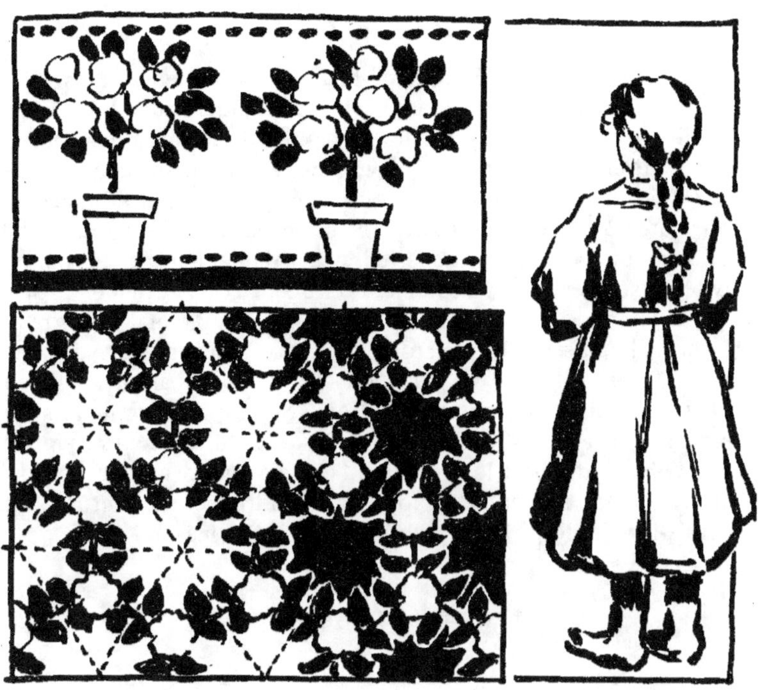

Exemples des croquis à tracer au tableau par le maître.

ÉTUDES D'APRÈS NATURE

1° *Un pichet ou pot en faïence ou en grès.*

Ce modèle sera choisi, autant que possible, parmi les objets présentant un caractère local. Pots normands en grès, pichets bretons en faïence peinte ou en grès émaillé, lourdes bouteilles bourguignonnes. buires ventrues destinées, en Touraine et au Poitou, à contenir de l'huile, pots à lait, cruches vernissées provençales ou alcarazas des pays basques seront pris comme modèles. Par leur forme, par les coulées d'émail dont ils sont revêtus et parfois par leur simple décor, ces objets présentent un intérêt artistique, alors que la production banale, vendue actuellement dans tous les bazars, est laide et pernicieuse au point de vue du goût. Les dessins seront exécutés sur feuilles de format quart-Ingres et, si le maître estime utile de faire relever le croquis coté du modèle, ce croquis sera fait, séparément, sur une autre feuille.

2° *Études de figure.*

Dans leurs dessins, faits librement hors la classe, les enfants représentent souvent la figure humaine. On leur demandera d'en faire l'objet d'une étude spéciale. Sur une feuille de papier de format quart-Ingres, ils exécuteront cinq à six croquis de gestes, analogues à celui qui est représenté ci-contre. Ces croquis pourront même être de dimensions plus restreintes encore. Il ne s'agit ici, ni de faire des portraits, ni de chercher à traduire les détails dans leur exactitude intégrale ; les enfants sont invités à se préoccuper seulement du geste et des grandes proportions. Il y a intérêt à laisser les élèves faire ou compléter à leur gré cet exercice hors la classe ; ils pourront alors noter des gestes, des attitudes motivés par les jeux ou par toutes autres occupations. Quelque maladroits que soient les résultats obtenus, quelque insignifiants que nous paraissent ces essais, encourageons les enfants. Ce sont de simples exercices d'observations et le profit que l'élève en retire ne peut s'apprécier par le résultat immédiat, graphique maladroit et souvent informe. Aussi serait-il vain de prétendre obtenir de beaux dessins.

COMPOSITIONS DÉCORATIVES

1° *Une frise ornée avec de petits pots de fleurs.*

Le croquis que nous présentons dispense d'explications. Trois ou quatre tons sont suffisants pour obtenir un effet décoratif agréable. Cette frise aura de seize à dix-huit centimètres de hauteur.

2° *Un jeu de fond.*

Le croquis ci-contre montre la disposition géométrique de la composition. Cette disposition est très simple, malgré la complication apparente du dessin. On divise préalablement les côtés du rectangle formant le cadre en trois parties et l'on joint les points de division ainsi qu'il est indiqué sur le croquis. L'on obtient ainsi des losanges que l'on divise ensuite en triangles par le tracé de deux lignes horizontales partageant le rectangle en trois parties égales dans le sens de sa hauteur. Chacun des triangles ainsi formés reçoit la même décoration et c'est la répétition de ce décor qui compose le jeu de fond. Au centre de chaque triangle, une forme circulaire, fleur, graine ou simple espace réservé en blanc, et, entourant ce point central, seront placées deux feuilles tangentes à chaque côté du triangle. Trois tons seront employés, un pour les feuilles, un pour les fleurs et un autre pour le fond s'il y a lieu. Format des dessins, quart-Ingres.

DESSINS LIBRES ET DEVOIRS ILLUSTRÉS

Mêmes observations que dans les notes précédentes.

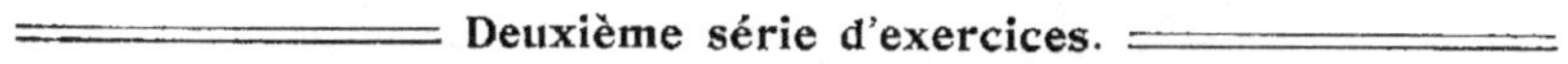

=== **Deuxième série d'exercices.** ===

ÉTUDES D'APRÈS NATURE

1° *Un élément végétal, tête d'artichaut ou chardons* (fig. 1).

L'artichaut avec ses feuilles imbriquées est un modèle intéressant. Faire remarquer aux élèves la manière solide dont s'attachent les feuilles sur une tête d'artichaut, la forme cannelée de la tige.

Les feuilles prenant naissance sur la tige sont également d'un bel aspect décoratif. Elles ont beaucoup d'analogie avec celles du chardon.

Le dessin proposé peut être traité sous forme de devoir illustré, après une leçon de botanique faite par le maître sur ce sujet.

Nous proposerons encore comme éléments naturels pouvant servir de modèles : des crabes, des grenouilles, des sauterelles.

2° *Un petit ballot* (fig. 2).

Le maître pourra façonner un petit paquet sous forme de ballot ficelé. Le ballot sera placé devant les élèves qui devront en faire un dessin.

L'ensemble présentera l'aspect d'un parallélogramme. En effet, nous pouvons supposer les bords et angles du ballot enfermés dans des lignes presque droites et parallèles respectivement. Les élèves devront donc dessiner l'ensemble en en observant bien les proportions, sans se préoccuper des inflexions données aux bords par la ficelle pas plus que des irrégularités des lignes. Toutefois, si un côté du ballot est moins important que les autres il ne faut pas négliger d'en tenir compte.

Un bilboquet, un arrosoir de jardin peuvent fournir les thèmes d'autres dessins avec croquis cotés.

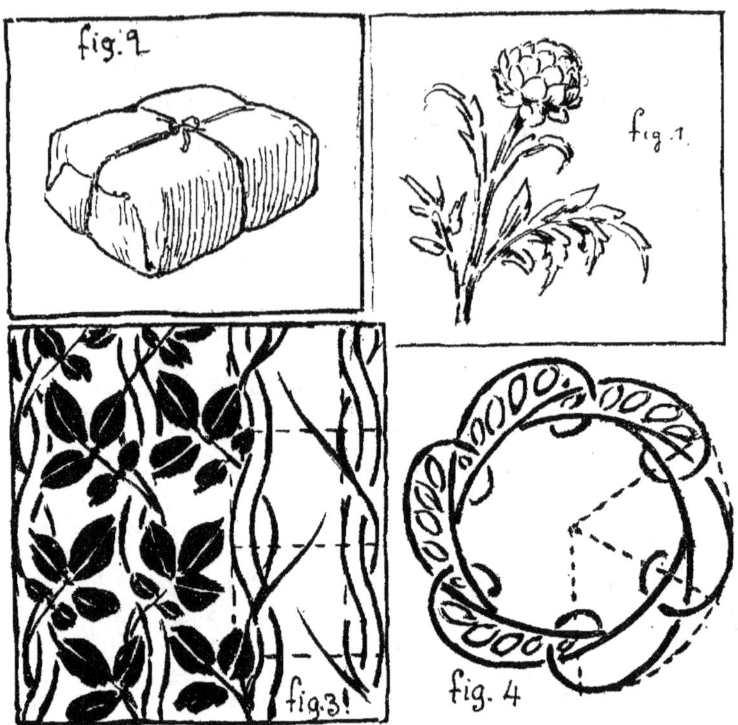

Exemples des croquis à tracer au tableau par le maître.

COMPOSITIONS DÉCORATIVES

1° *Un jeu de fond pouvant servir pour une étoffe imprimée ou pour une page de garde* (fig. 3).

La feuille de papier sera divisée en carrés égaux d'environ huit ou dix centimètres de côté. La feuille devra pouvoir contenir au moins trois carrés en largeur et quatre en hauteur. Si elle est trop petite, il faudra réduire la dimension des carrés.

Des rubans ou larges filets seront dessinés comme dans la figure 3 en ayant bien soin de retrouver leur changement de direction à des points correspondants sur les divers carrés. Ensuite, on fera passer des branches qui s'inclineront en sens inverse des rubans, et qui, elles aussi, auront des points de direction absolument semblables.

Ces branches donneront naissance à des brindilles secondaires qui décoreront les espaces libres entre les rubans. Les branches, les brindilles et les ornements floraux pourront passer tantôt au-dessus, tantôt au-dessous des rubans. Cette décoration sera exécutée en camaïeu, ou en deux ou trois tons.

2° *Un dessous de carafe* (fig. 4).

Ce dessous de carafe, de forme hexagonale, devrait pouvoir être exécuté en broderie anglaise sur toile.

Pour la construction de l'ensemble, tracer d'abord une circonférence qui sera divisée en six parties par le rayon. La direction de ces rayons vers le centre pourra être indiquée et c'est sur ces derniers que seront pris quelques points de repère pour le tracé des grandes lignes de la composition.

Des courbes irrégulières et semblables donneront la direction des ornements; ces courbes sembleront se poursuivre; les points de départ de chacune ainsi que les sommets se trouveront respectivement à la même distance du centre, ainsi que les points de croisement.

Des ornements floraux très simples garniront les espaces compris entre les croisements; quelques ornements pourront s'étendre vers le centre, mais il ne faudra pas leur donner trop d'importance ni les faire aller trop loin, car, le sujet proposé ayant pour destination de supporter un objet assez grand, il convient de laisser toute l'importance de la décoration à la partie de surface qui ne sera pas recouverte.

Description des planches de dessins.

ÉTUDES D'APRÈS NATURE

Un pichet en grès. Les deux dessins reproduits ici ont tous les deux la principale qualité, celle de bien traduire le caractère du modèle.

Fig. 95. — **Bouteille ou gourdes en grès gris.** Cette aquarelle est faite avec une adresse qui s'explique difficilement chez un enfant, âgé de 13 ans, élève de l'école primaire, c'est-à-dire nécessairement peu expérimenté. Sans doute, dans ce cas, peut-on attribuer au maître une part des mérites de cette aquarelle. Ayant retouché ainsi largement le dessin de l'élève, le maître n'a dû le faire qu'à titre d'exemple et exceptionnellement. Nous nous abstenons donc de noter ce dessin provenant du département de l'Yonne.

Fig. 96. — Ce dessin, moins adroit que le précédent, n'en traduit pas moins avec force le caractère du modèle, une grosse buire en grès ou en terre vernissée destinée à contenir de l'huile. La tonalité rousse et jaune est bien représentée au moyen de crayons de couleur. Les différences des valeurs sont moins accentuées sur l'original et l'effet d'ensemble a plus d'unité. Provient du département des Deux-Sèvres. Age de l'élève, 12 ans. Note 17.

Fig. 97. — **Études de gestes.** Très jolis croquis d'après nature. L'on pourrait y relever des fautes de proportion, mais l'on doit reconnaître combien le caractère général de ces figures d'enfants est bien exprimé; la jeunesse, la souplesse des gestes sont parfaitement traduites. Provient de la Haute-Saône. Age de l'élève, 12 ans. Note 18.

Fig. 98. — **Une fillette.** Croquis aquarellé. Malgré des fautes évidentes dans les proportions et la perspective, cette étude présente de l'intérêt et du charme. La souplesse de l'attitude, de même que les détails de la coiffure et du costume ont été observés avec finesse. D'autre part, les colorations et leurs différentes valeurs sont remarquablement traduites avec une grande simplicité de moyens. Une inscription en marge « Portrait de mon amie » nous renseigne sur les intentions de la fillette, auteur de ce dessin. Provient du département de Vaucluse. Age de l'élève, 13 ans. Note 15.

Fig. 99. — **Un garçonnet.** L'exactitude de cette reproduction dispense d'une description détaillée. La vérité de l'attitude est remarquable. Provient de la Loire-Inférieure. Age de l'élève, 13 ans. Note 16.

COMPOSITIONS DÉCORATIVES

Fig. 100. — **Petite frise.** Ornementation originale par les éléments mêmes dont elle est composée. La coloration n'est pas moins curieuse et imprévue que le dessin. Le fond est vert jaunâtre, les pots et les fleurs de couleur rouge, les plantes grasses vert foncé. La critique que nous adressons à cette composition, c'est d'être trop vide, les éléments du décor sont maigres par rapport au fond. Provient du département du Doubs. Age de l'élève, 10 ans 1/2. Note 15.

Fig. 101. — **Petite frise.** Charmante composition enfantine dont la naïveté et la simplicité du dessin augmentent peut-être l'intérêt décoratif. La coloration en est gaie ; fleurs vermillon avec un point central jaune, feuilles vert foncé et froid, tiges et perles vert plus clair et chaud, pots brun rouge. Provient du Cher. Age de l'élève, 12 ans. Note 17.

Fig. 102. — **Petite frise.** Le caractère sévère de cette composition contraste avec les deux précédentes ; l'arrangement des fleurs est original. Colorations sourdes et puissantes.

Fig. 103. — **Un jeu de fond.** Dessin simple et bien compris au point de vue décoratif. Harmonie sobre et agréable. Les différences des valeurs sont moins accentuées sur l'original. Le fond est d'un gris bleu violacé, les feuillages vert avec un sertis plus foncé, les fruits rouge vermillon foncé et les fleurs blanches serties du même rouge. Provient du département de la Corrèze. Age de l'élève, 14 ans 1/2. Note 18.

Fig. 104. — **Un jeu de fond.** Composition sur le même thème. Le résultat est ici plus original ; les éléments choisis sont de forme curieuse et leur disposition est inattendue. Les points principaux sont cepend nt répartis suivant une même combinaison géométrique hexagonale. La coloration est d'une hardiesse heureuse ; le fond rouge vermillon foncé, les feuillages verts, les fleurettes et les réserves blanches, c'est-à-dire du ton du papier. Provient du département du Cher. Age de l'élève, 13 ans. Note 20.

DESSINS FAITS LIBREMENT HORS LA CLASSE

Fig. 105. — **Un poulet.** Excellent croquis d'après nature. La reproduction est un peu plus grise que le dessin original, exécuté au crayon à mine de plomb assez tendre. La figure permet cependant d'apprécier la sincérité d'observation dont a fait preuve l'auteur de ce dessin. Provient du département de l'Aude. Age de l'élève, 14 ans. Note 20.

Fig. 106. — **Motifs d'architecture.** Croquis très fidèles d'après nature. Ce sont d'excellents exercices pour des élèves des cours supérieur et complémentaire. Provient du département de l'Allier. Age de l'élève, 14 ans. Note 18.

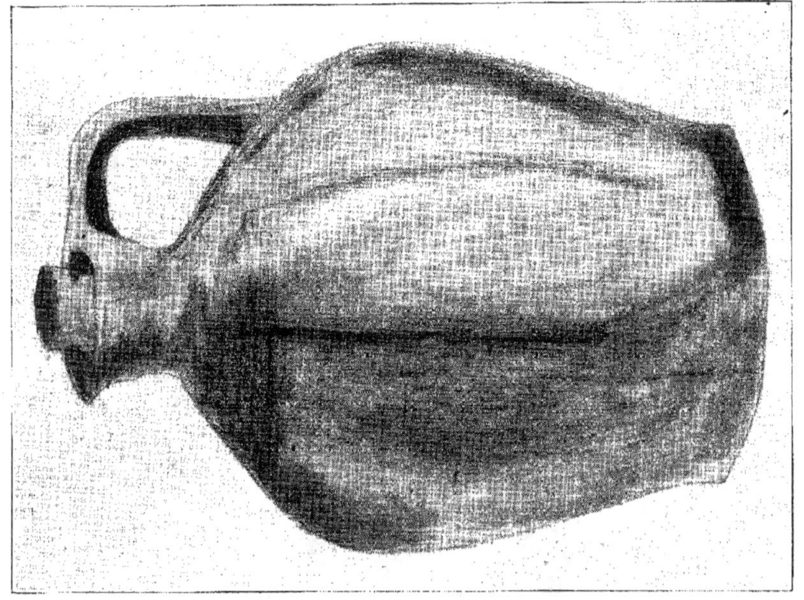

Fig. 96. — Étude d'après nature. Dessin à la mine de plomb rehaussé de crayons de couleur. Réduction au tiers de l'original.

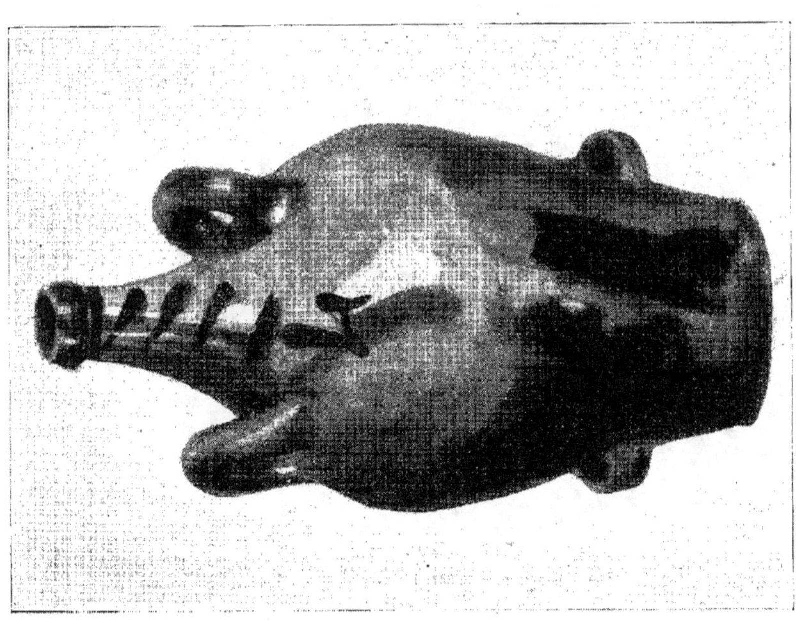

Fig. 95. — Étude d'après nature. Dessin aquarellé. Réduction au tiers de l'original.

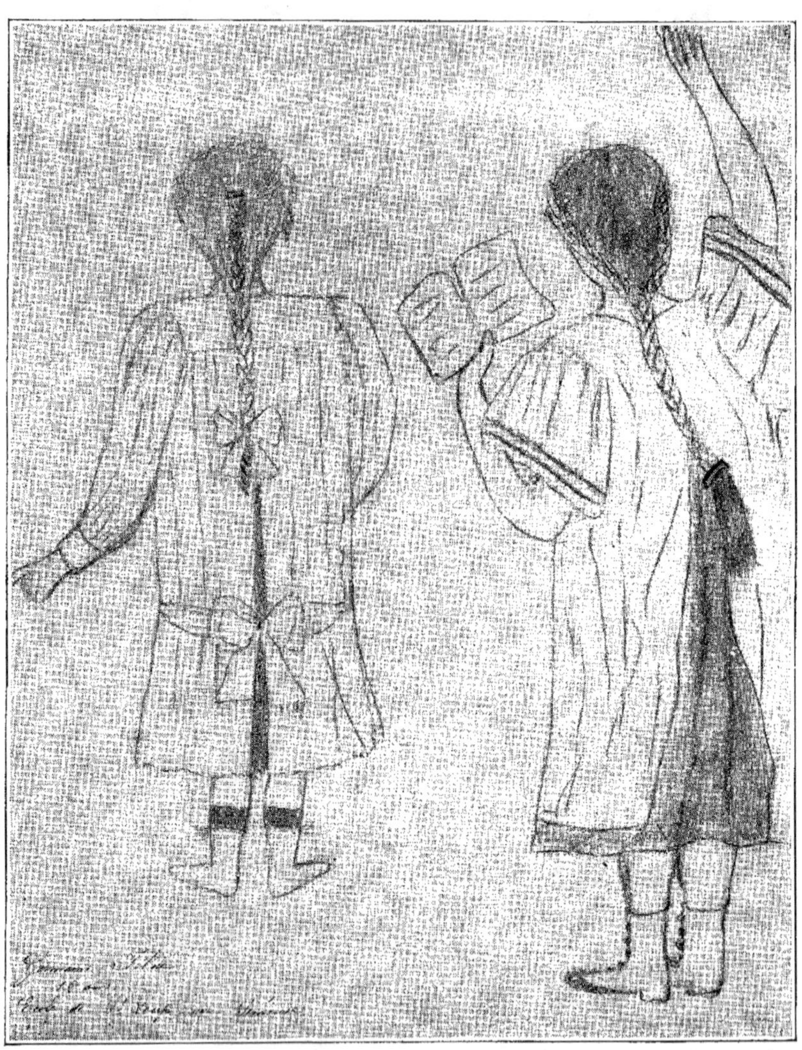

FIG. 97. — Études d'après nature. Croquis à la mine de plomb.
Réduction aux deux cinquièmes de l'original.

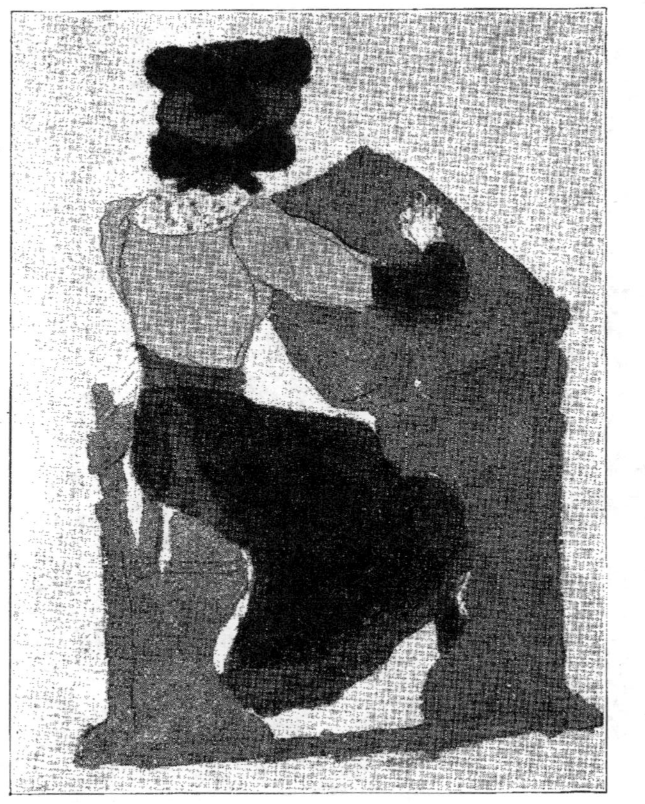

Fig. 98. — Étude d'après nature.
Dessin à la mine de plomb rehaussé d'aquarelle.
Réduction au tiers de l'original.

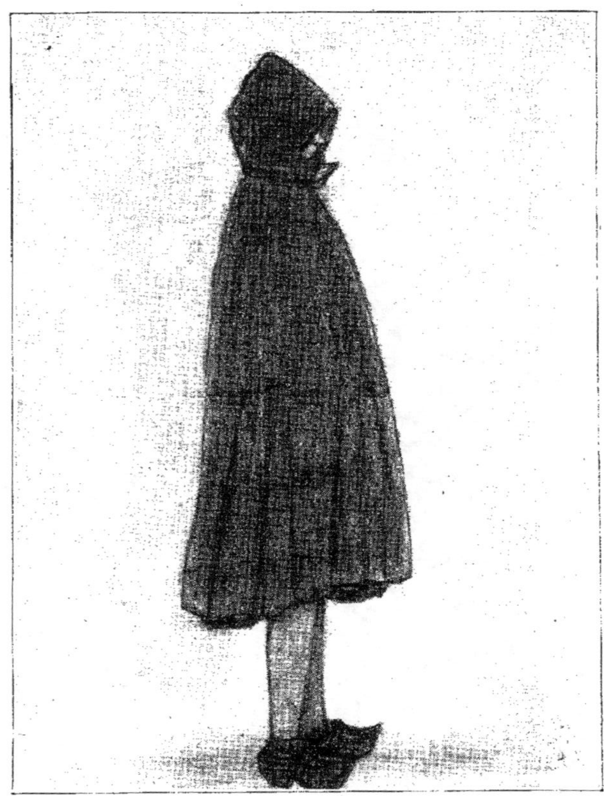

Fig. 99. — Étude de figure.
Croquis à la mine de plomb rehaussé de crayons de couleur.
Réduction aux deux cinquièmes de l'original.

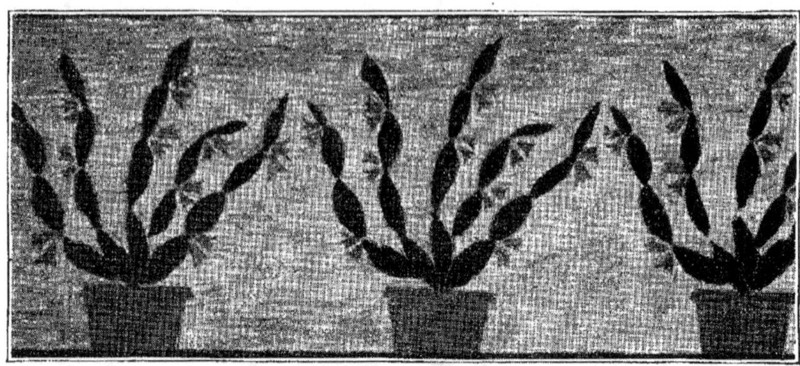

FIG. 100. — Petite frise. Dessin aux crayons de couleur.
Réduction au tiers de l'original.

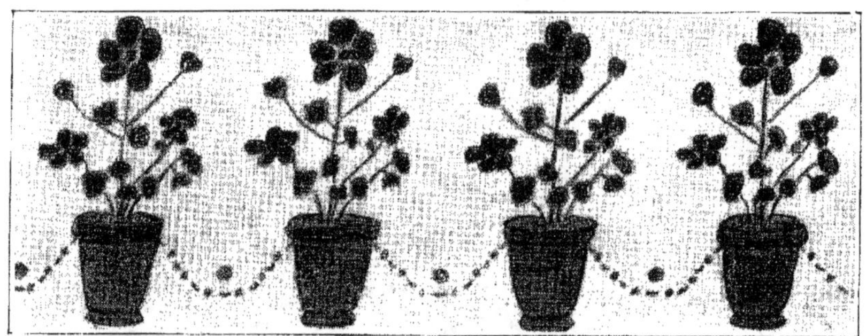

FIG. 101. — Petite frise. Dessin aux crayons de couleur.
Réduction au tiers de l'original.

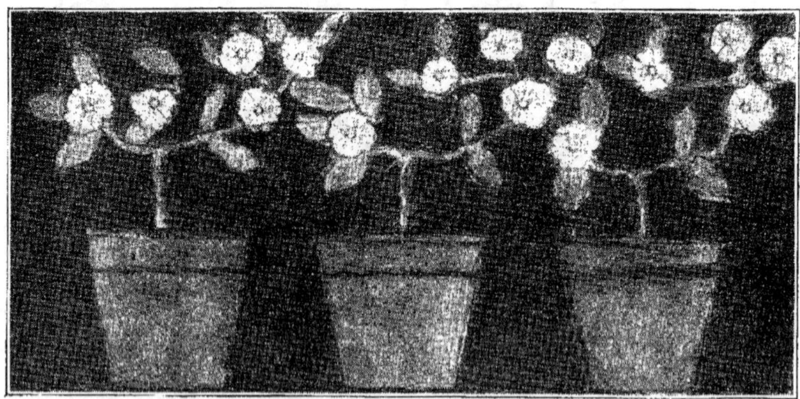

FIG. 102. — Petite frise. Dessin aux crayons de couleur.
Réduction au tiers de l'original.

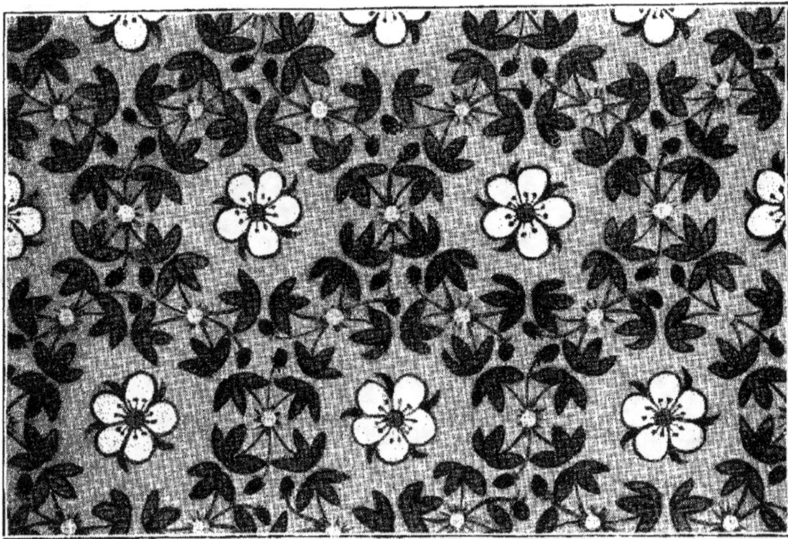

Fig. 103. — Jeu de fond. Dessin exécuté à l'aquarelle. Réduction au tiers de l'original.

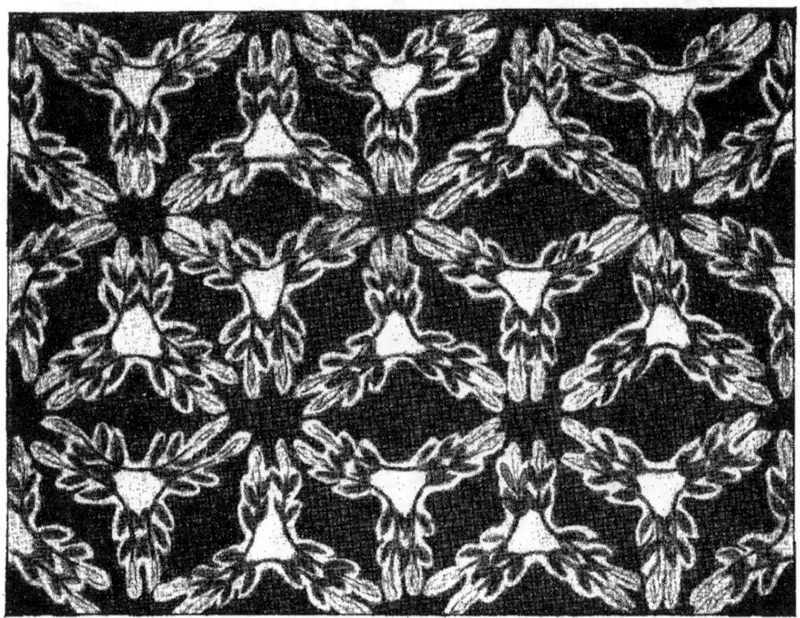

Fig. 104. — Jeu de fond. Dessin exécuté aux crayons de couleur.
Réduction au tiers de l'original.

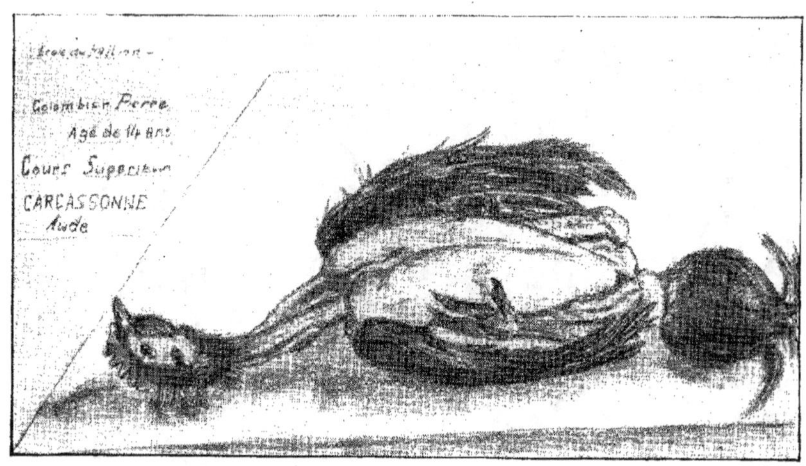

Fig. 105. — Étude d'après nature. Un poulet. Dessin à la mine de plomb.
Réduction au tiers de l'original.

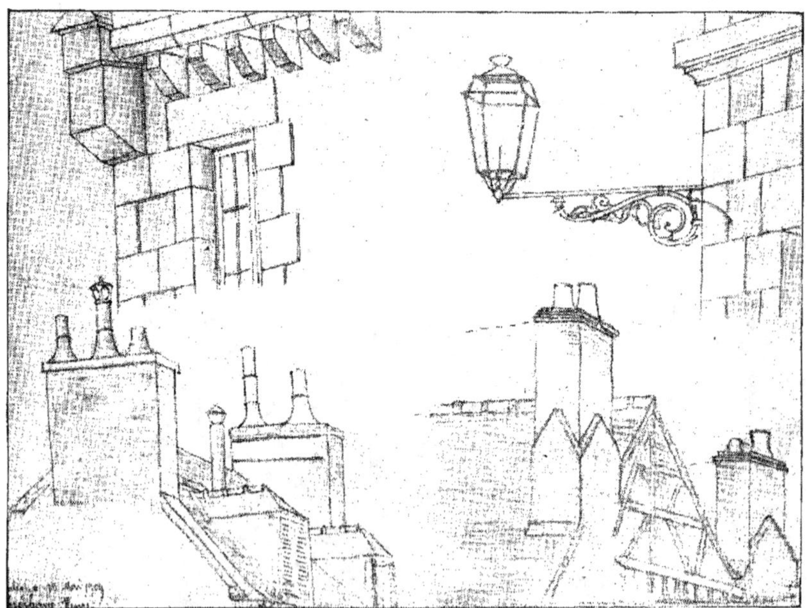

Fig. 106. — Etude d'après nature. Motifs d'architecture. Croquis à la mine de plomb.
Réduction au tiers de l'original.

Première série.

ÉTUDES
D'APRÈS NATURE

1° Modèle :
un fruit à grappe,
groseilles, cassis,
ou
bouquet de cerises.

L'étude comportera une branchette avec quelques feuilles et fruits. Les exercices analogues exécutés précédemment nous dispensent d'explications. Cette étude pourra être faite aux crayons de couleur ou de préférence à l'aquarelle sur feuille de format quart-Ingres.

2° Un entonnoir
ou
un arrosoir à main.

Croquis perspectif et croquis cotés sur une même feuille de format quart-Ingres. Pour faire le dessin perspectif l'objet doit être placé de façon que l'on puisse en apprécier la forme et la construction, si, par exemple, l'entonnoir était placé de telle sorte qu'on ne voie

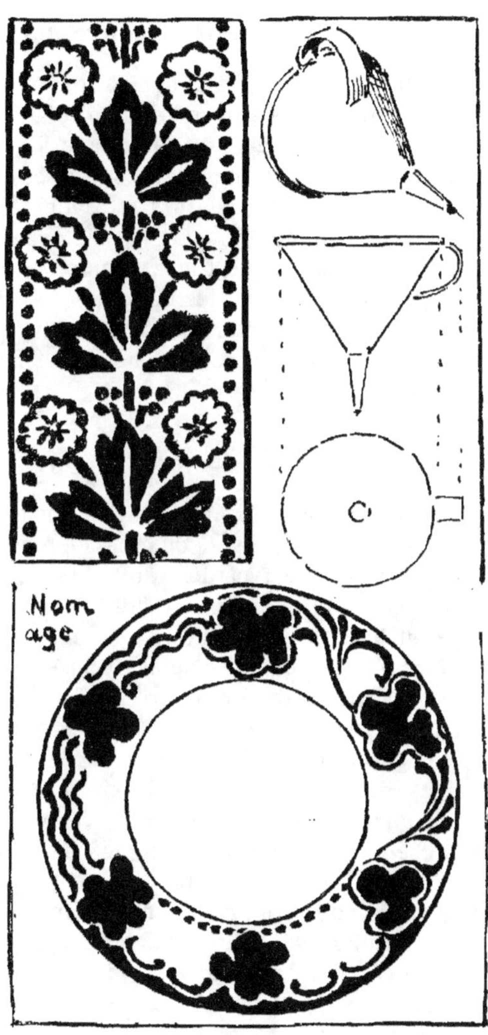

Exemples des croquis à tracer au tableau
par le maître.

que l'intérieur du cône, la représentation en serait difficile et le résultat moins intéressant.

COMPOSITIONS DÉCORATIVES

1° *Une bordure ascendante.*

Le schéma ci-contre indique la disposition de la composition. Des feuilles sont placées sur une ligne médiane et des fleurs sont disposées latéralement. Chaque élève choisira à son gré les éléments décoratifs formant l'ornementation. A cette saison ce choix sera facilité par l'abondance et la variété des fleurs. Cette composition peut être prévue pour une exécution peinte, pour de l'étoffe appliquée ou pour de la broderie. Dans tous les cas, trois tons, y compris celui du fond, sont suffisants pour obtenir une belle décoration. Rappeler que les tons à plat sont généralement d'un meilleur effet décoratif que des modelés. Cette bordure, mesurant de 12 à 15 centimètres de largeur, pourra être exécutée sur feuille de papier quart-Ingres.

2° *Décoration du marli d'une assiette en faïence.*

Jusqu'ici nous nous sommes surtout inspirés de la flore pour en tirer des éléments décoratifs. Nous essayerons cette fois de composer le décor d'une assiette avec de simples taches et des lignes. Si ces taches et ces lignes sont de bonne grandeur et sont bien réparties, si les couleurs sont harmonieuses, nous obtiendrons un décor agréable. Suggérons donc aux élèves l'idée de ce décor en traçant au tableau le croquis ci-joint. Six taches de formes irrégulières sont réparties à des distances à peu près égales sur le marli de l'assiette. Ces taches sont reliées entre elles par des lignes qui peuvent être disposées de mille façons. Trois exemples sont indiqués sur le présent schéma, mais il reste bien entendu que les élèves sont invités, non pas à copier ces exemples, mais à chercher eux-mêmes quelque combinaison qui aura du moins le mérite de l'originalité. La plus grande sobriété dans la coloration doit être recommandée pour cet exercice. Un seul ton bleu sur le fond de la faïence produirait sans doute le meilleur effet.

Diamètre total : 22 centimètres ; diamètre du cercle intérieur : 13 centimètres.

La plupart des enfants n'ayant pas de compas, les maîtres feront sagement en fournissant aux élèves des feuilles sur lesquelles ils auront tracé préaablement les deux circonférences concentriques qui limiteront la décoration. Format des feuilles quart-Ingres.

RÉSUMÉ DES TRAVAUX DE L'ANNÉE [1]

A la fin de l'année scolaire, après les dix mois qui viennent de s'écouler et pendant lesquels la nouvelle méthode a été mise en œuvre, un commentaire des résultats obtenus est utile et ne laissera indifférent aucun de ceux qui ont participé à cette œuvre. Disons de suite qu'il y a lieu d'être grandement satisfait des résultats. Non pas qu'ils soient parfaits et qu'ils ne puissent encore donner prise à des critiques justifiées, mais il faut considérer qu'une réforme aussi considérable ne peut être réalisée complètement en quelques mois. Il faut pour cela plusieurs années.

Cependant, dès à présent, des progrès ont été réalisés qui ont dépassé nos espérances. Au début de nos travaux, dès le premier mois, une moyenne fut établie pour établir la valeur des dessins provenant de tous les départements. La note maximum étant fixée à 10, la moyenne obtenue pour le dessin d'après nature fut 6,1 et pour la composition décorative 4,6. Cette moyenne s'est élevée progressivement ; elle atteint pour les exercices de juin le chiffre 7,2 pour le dessin d'après nature et 6 pour la composition décorative.

Les nombreuses adhésions qui nous sont parvenues de toutes parts, de nos collègues instituteurs et inspecteurs, témoignent de l'intérêt suscité chez tous. Étant dans la bonne voie, nous sommes donc assurés d'atteindre le but. Les maîtres primaires ont prouvé, une fois de plus, qu'ils sont dignes de la confiance que nous avons réclamée pour eux. Et ils prouvent aussi que l'éducation artistique des enfants du peuple peut leur être confiée, à condition qu'on leur fournisse les moyens d'accomplir cette belle, mais délicate et difficile mission.

Notre collaboration aura été fructueuse. Grâce à nos travaux communs, tous les départements vont être pourvus, cette année même, d'une collection de dessins choisis et qui servira d'exemple. En se référant à cette collection, les maîtres seront éclairés sur le but à atteindre mieux qu'on ne pourrait faire avec de longues explications. Nous essayerons d'autre part de publier largement les meilleurs résultats obtenus dans toute la France. Et nous ne doutons pas que le nombre de ceux qui ont obtenu ces résultats dans leurs écoles ne s'augmente rapidement. Non seulement le terrain gagné doit rester acquis, mais nous devons faire mieux encore et nous en assurerons les moyens.

Nous sommes particulièrement heureux de transmettre à tous nos collaborateurs les félicitations de M. le Directeur de l'Enseignement pri-

---

1. Ces lignes ont paru en juillet 1911 dans les bulletins départementaux. Nous les publions ici à titre documentaire.

maire qui a été vivement intéressé par les résultats obtenus dès la première année. Je joins à cette haute approbation mes remerciements et l'expression de mes sentiments dévoués.

GASTON QUÉNIOUX.

Deuxième série d'exercices.

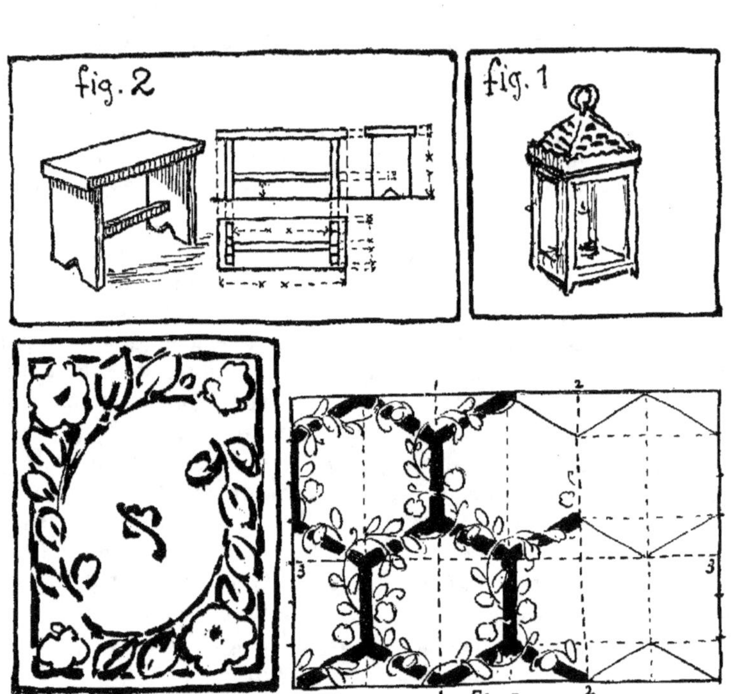

Exemples des croquis à tracer au tableau par le maître.

ÉTUDES D'APRÈS NATURE

I° Une lanterne (fig. 1).

Le modèle choisi pourra être une lanterne ordinaire dans le genre de celle du croquis ci-contre. Le maître fera observer que l'ensemble de cette lanterne se compose de deux parties : une, inférieure et de forme cubique; l'autre, supérieure et de forme pyramidale.

Les élèves devront observer les proportions respectives de ces deux parties.

Le sommet de la partie pyramidale se trouvera toujours, quelle que soit leur place, exactement au-dessus du milieu de l'ensemble, c'est-à-dire sur l'axe de l'objet. L'ensemble du dessin étant terminé, les élèves auront à compléter les détails, puis, si l'objet pris comme modèle n'est pas trop compliqué, on pourra en demander le croquis coté aux élèves.

Comme éléments naturels, on pourra proposer le dessin de gousses de haricots, de pois, de fèves, avec tiges et feuilles, puis des fleurs de coquelicots, mauves, etc., et aussi des concombres, des cornichons et des melons, tous sujets motivant des études variées et intéressantes.

2° *Un tabouret* (fig. 2).

Le tabouret ou petit banc proposé comme modèle devra être de forme simple. Les élèves seront disposés autour et, si cela est possible, l'objet sera posé assez bas pour que le dessin en soit fait de haut en bas ainsi qu'on est accoutumé à voir un tabouret ou un petit banc.

Le dessin à vue sera complété par un croquis coté, indiquant le plan, l'élévation et une vue de profil. Ces trois projections donneront le détail exact de toutes les parties.

COMPOSITIONS DÉCORATIVES

1° *Un jeu de fond* (fig. 3).

Pour l'exécution de ce jeu de fond, les élèves traceront préalablement sur leurs feuilles le rectangle contenant le dessin. Ce rectangle a une proportion de 3 sur 2. Diviser la ligne formant le grand côté en six parties égales et le petit côté en sept parties. Tracer ensuite dans le rectangle, dont les côtés sont ainsi divisés, les lignes verticales 1 1, 2 2 et la ligne horizontale 3 3. Dans chacune des divisions formées par ces lignes et suivant les points placés sur les côtés inscrire les hexagones formant la construction géométrique.

On doublera ensuite les lignes limitant les hexagones de façon à former une sorte de treillis autour duquel s'enlaceront des éléments végétaux formant l'ornementation. Il sera logique de choisir des plantes grimpantes, capucines, volubilis, chèvrefeuille, vigne-vierge, jasmin, etc....

Pas plus que les compositions précédentes celle-ci ne doit viser à la représentation d'un véritable treillage et de vraies fleurs. C'est une interprétation imaginaire pour laquelle nous recommandons de nouveau la sobriété de coloration.

2° Décor d'un rectangle
pouvant servir de couvercle pour une boîte en marqueterie
ou pour un dessus de sachet (fig. 4).

L'ornementation de ce rectangle sera composée de deux motifs sem blables, disposés de manière asymétrique par rapport aux côtés de la boîte, mais symétriques entre eux.

Chacun des motifs est ainsi appelé à décorer deux côtés de la surface.

Les ornements seront distribués surtout vers l'extérieur, le milieu du rectangle restera à peu près vide et pourra recevoir un monogramme.

Si le sujet proposé est une marqueterie, le maître donnera quelques explications sommaires sur ce genre de travail et les ressources de couleur qu'il comporte.

Si le sujet est destiné à décorer un dessus de sachet, l'exécution pourrait en être faite à l'aiguille et les maîtresses sauront donner aux élèves les indications nécessaires pour que le dessin soit exécutable.

======= *Description des planches de dessins.* =======

ÉTUDES D'APRÈS NATURE

Fig. 107. — **Branchette de groseiller**. Fine et intéressante étude réunissant les qualités de forme et de couleur. Bien que reproduites incomplètement, on peut reconnaître une partie des qualités du dessin sur la figure 107. De même que dans de précédentes études, les modelés sont obtenus par le dépôt de la couleur à l'aquarelle. Les fruits sont indiqués par des à-plats. Aucune ombre, ni reflet lumineux. Provient du département de l'Aisne. Age de l'élève, 13 ans. Note 20.

Fig. 108. — **Branchette de cassis**. Cette étude présente, à un moindre degré, les qualités du dessin précédent, on peut constater que le dessin des feuilles est beaucoup plus indécis, d'autre part la coloration est moins juste. Il est évident que l'auteur de ce dessin est moins expérimenté. Provient du Cher. Age de l'élève, 12 ans. Note 14.

Fig. 109. — **Branchette de groseiller**. Il y a de grandes qualités d'exécution dans cette aquarelle, presque trop, sommes-nous tentés de dire, car cette habileté a fait négliger la vérité du dessin dans certaines parties. La comparaison avec la figure 107 appuiera notre critique. Provient de la Haute-Garonne. Age de l'élève, 13 ans. Note donnée par la maîtresse, 17. Cette note nous semble juste.

Fig. 110. — **Un entonnoir**. Croquis perspectif et croquis coté. Très clair et bien présenté dans la feuille. La réduction ne permet pas ici de distinguer les cotes qui sont très lisibles sur l'original. Provient du Lot-et-Garonne. Age de l'élève, 13 ans. Note 18.

Fig. 111. — **Un entonnoir**. Croquis perspectif et croquis coté. Ce croquis est aussi clair que le précédent, mais la présentation dans la feuille est moins satisfaisante, les croquis eussent pu être de plus grande dimension. Le tracé est moins ferme, mais il faut tenir compte qu'il est exécuté à main levée. Provient du département de Seine-et-Oise. Age de l'élève, 13 ans. Note 14.

COMPOSITIONS DÉCORATIVES

Fig. 112. — **Bordure verticale**. Il n'est guère possible de décrire l'aspect original de cette composition qui compte surtout par la coloration. La figure 112 en reproduit néanmoins l'aspect velouté comme serait celui d'un beau tapis. Le fond gris verdâtre est moucheté de taches faites avec de l'encre violette, les feuilles sont vert foncé, presque mordorées et serties d'un large filet rouge violacé, les tiges, les graines et les filets latéraux peints à l'encre violette. Cette composition est exécutée sur l'envers d'un papier peint, avec des encres d'aniline. Ce procédé est usité à l'école d'où provient ce dessin et les nombreux résultats que nous avons vus sont très satisfaisants. Provient du Calvados. Age de l'élève, 10 ans. Note 17.

Fig. 113. — **Bordure verticale**. Il est évident que la précision et la vérité du dessin sont supérieures ici à celles de la précédente composition. Mais, au point de vue décoratif, l'aspect est moins large. C'est d'un autre caractère. Il faut reconnaître ces différentes qualités. Ici le fond est jaune d'or, les feuilles vert foncé, les fleurs blanches striées de bleu. Sur le dessin original, les différences des valeurs sont moins sensibles que sur la figure 113. Provient du département des Vosges. Age de l'élève, 11 ans. Note 17.

Fig. 114. — Très jolie composition. L'arrangement symétrique eût pu, avec avantage, être moins rigoureusement observé dans le dessin des éléments naturels placés à gauche et à droite de l'axe. Cependant, suivant la destination, cette symétrie absolue pourrait devenir une qualité. Harmonie sobre et distinguée. Sur le fond de papier gris chaud, feuilles et tiges d'un vert chaud, fleurs blanches striées de violet foncé, pistils jaunes, filets latéraux violet et jaune. Provient de la Charente-Inférieure. Age de l'élève, 14 ans. Note 19.

Fig. 115. — **Décor d'une assiette**. Dessin exécuté aux crayons de couleur. La tonalité bleu violacé assez sombre donne à cette composition un aspect large et bien décoratif. Mais nous faisons observer à l'élève que son initiative ne doit pas être limitée à la recherche de la coloration et qu'elle n'aurait pas dû copier strictement le schéma proposé (voir thèmes de juillet). Provient du département du Cher. Age de l'élève, 13 ans. Note 11.

Fig. 116. — **Décor d'une assiette**. Composition exécutée à l'aquarelle. Les données du programme ont été comprises. Les taches bleues, de deux tonalités, réparties sur le marli, font bon effet. La composition gagnerait en finesse si le marli était limité intérieurement par une ligne de petits points au lieu d'une ligne continue. Provient des Pyrénées-Orientales. Age de l'élève, 12 ans. Note 15.

DESSIN FAIT LIBREMENT HORS LA CLASSE

Fig. 117. — **Un intérieur de cuisine**. Dessin rehaussé de crayons de couleur. Sur la reproduction les valeurs sont assez justes. Ensemble sobre de tons, les murs jaunâtres, la cheminée et la porte couleur bois, la nappe à carreaux blancs et rouges, la robe de la fillette est de couleur bleu foncé. Observation d'un réalisme intéressant. Provient du département du Gard. Age de l'élève, 13 ans. Note 18.

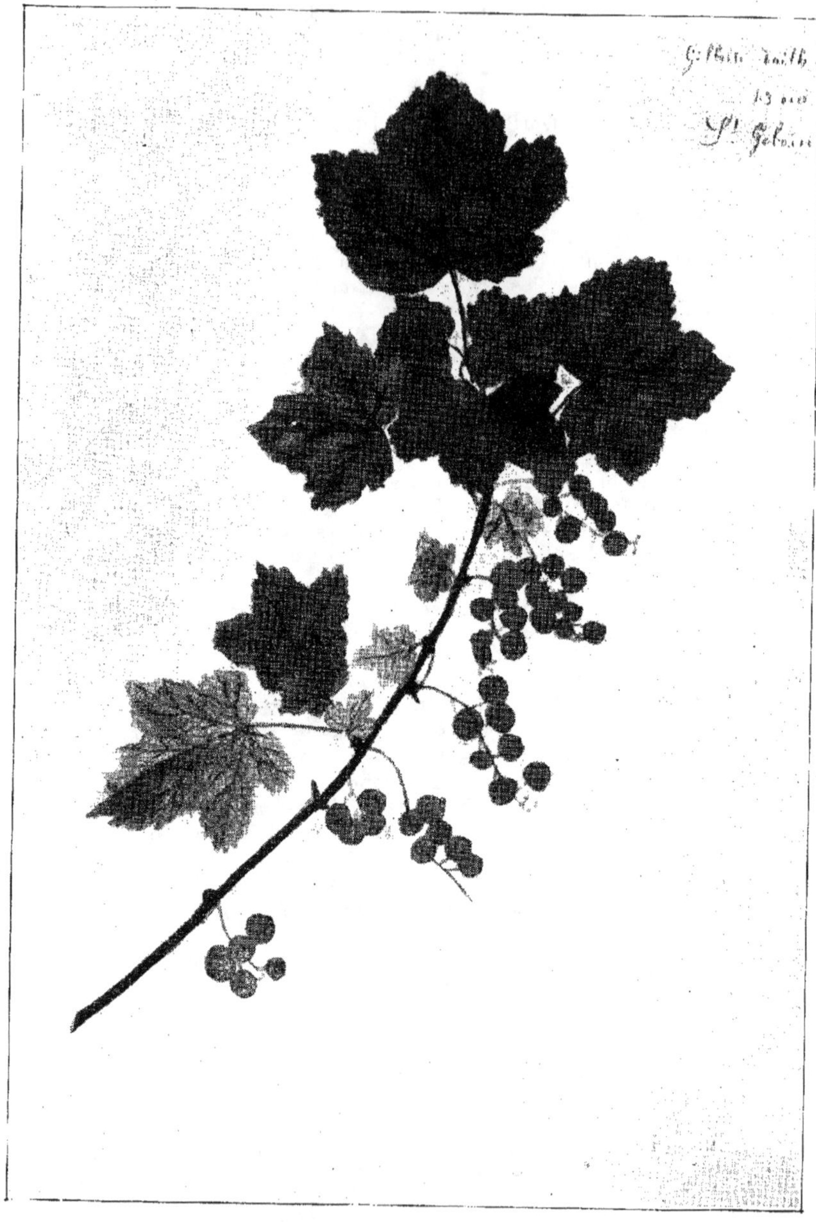

Fig. 107. — Étude d'après nature. Aquarelle. Réduction à moitié de l'original.

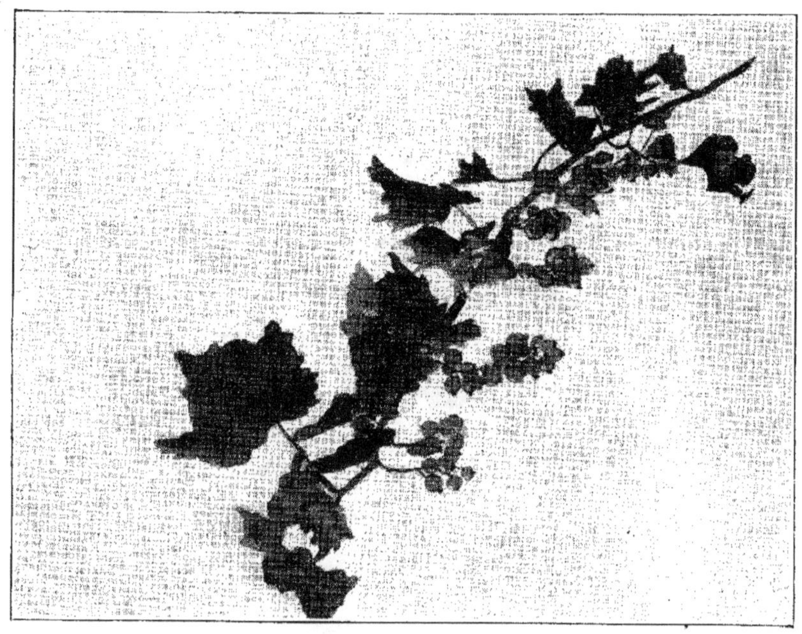

FIG. 109. — Étude d'après nature. Aquarelle.
Réduction au tiers de l'original.

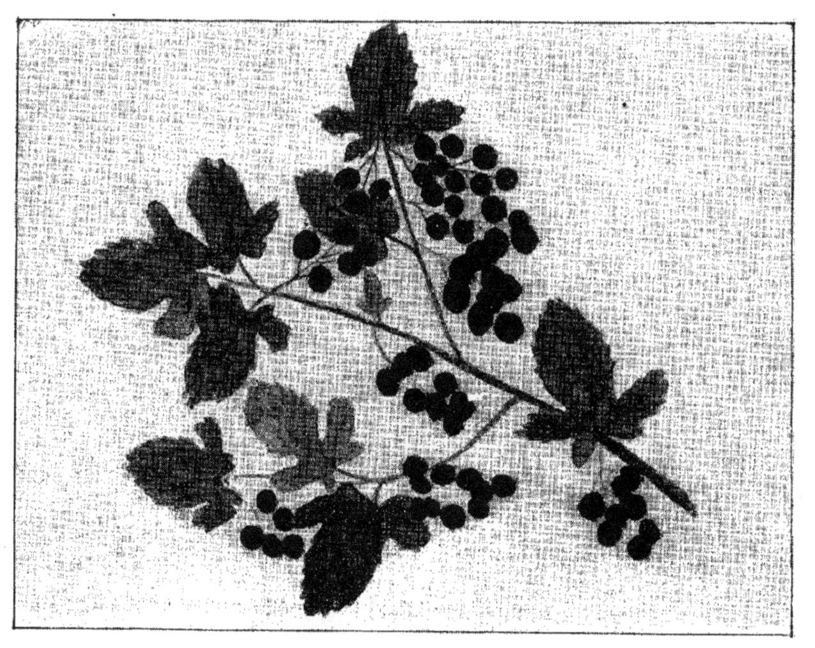

FIG. 103. — Étude d'après nature. Dessin aquarellé.
Réduction au tiers de l'original.

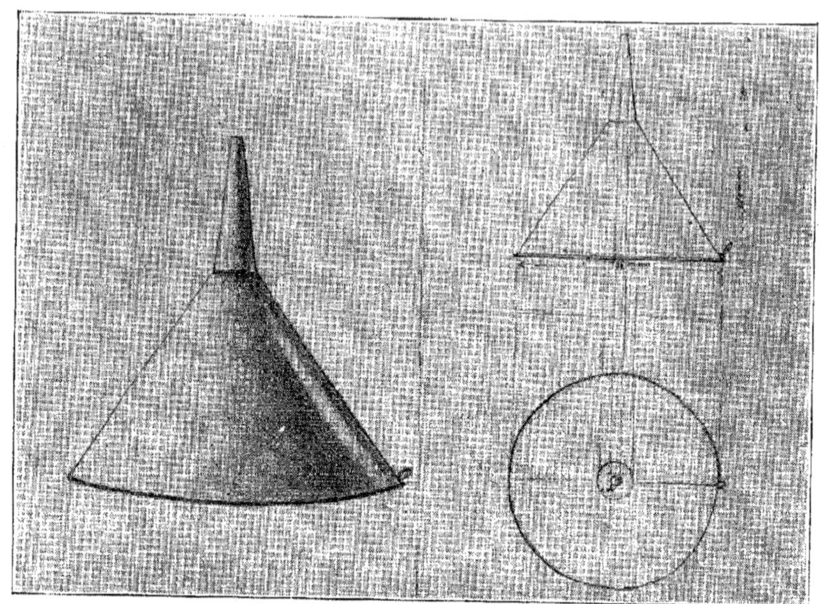

Fig. 110. — Étude d'après nature. Croquis exécutés à la mine de plomb.
Réduction au tiers de l'original.

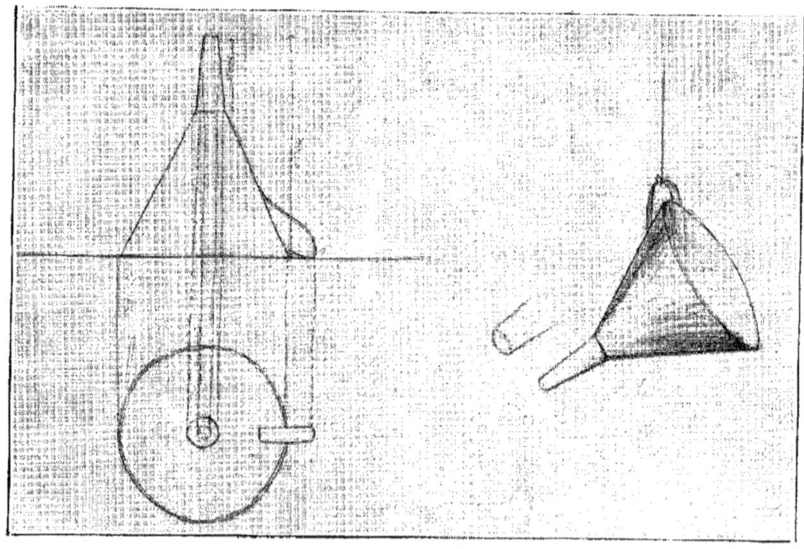

Fig. 111. — Étude d'après nature. Croquis exécutés à la mine de plomb.
Réduction au tiers de l'original.

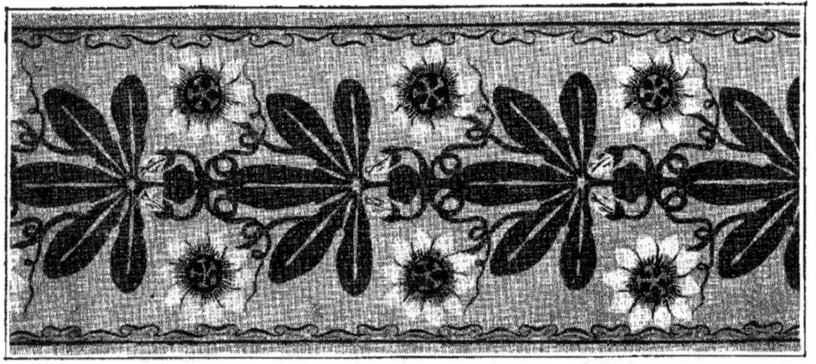

Fig. 114. — Bordure verticale.
Aquarelle et gouache sur papier gris.
Réduction au sixième de l'original.

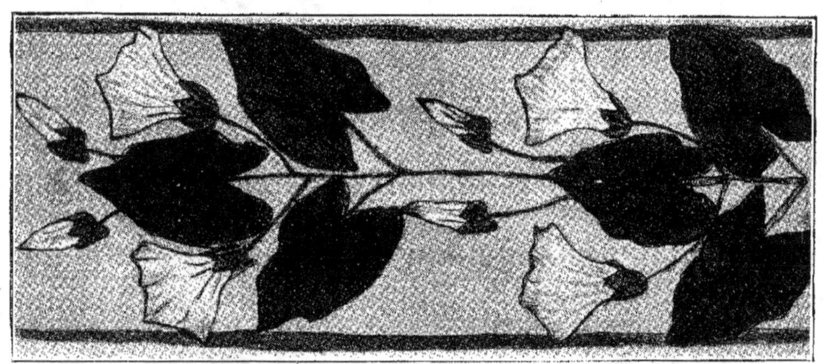

Fig. 113. — Bordure verticale.
Dessin aux crayons de couleur.
Réduction au tiers de l'original.

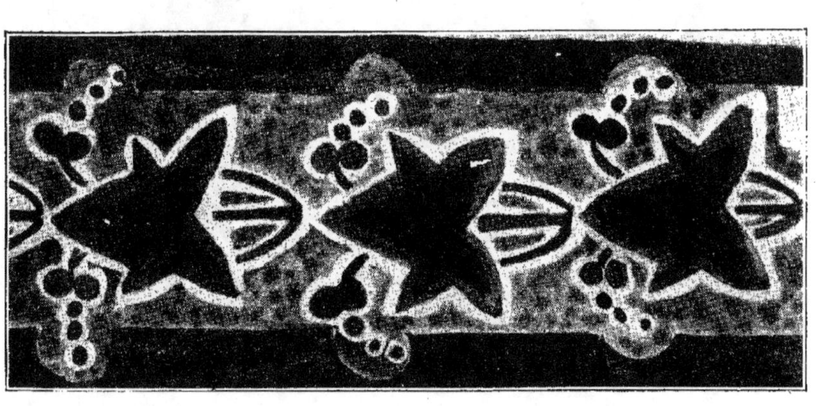

Fig. 112. — Bordure verticale.
Aquarelle sur papier gris.
Réduction aux deux septièmes de l'original.

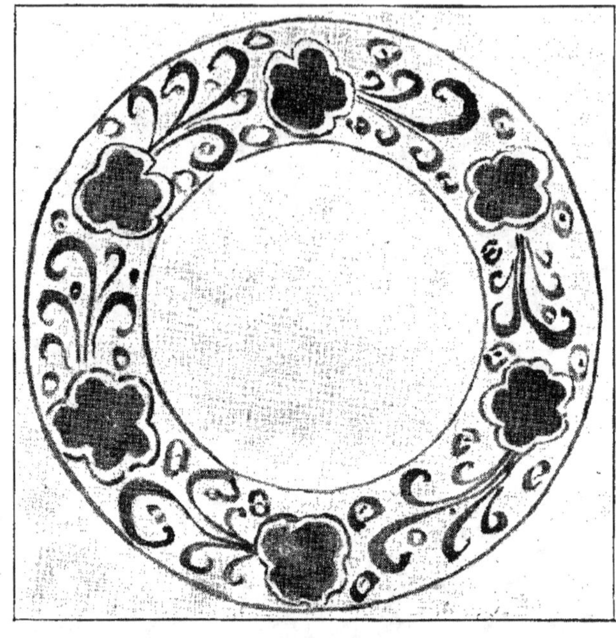

Fig. 116. — Décor d'une assiette. Exécuté à l'aquarelle.
Réduction au tiers de l'original.

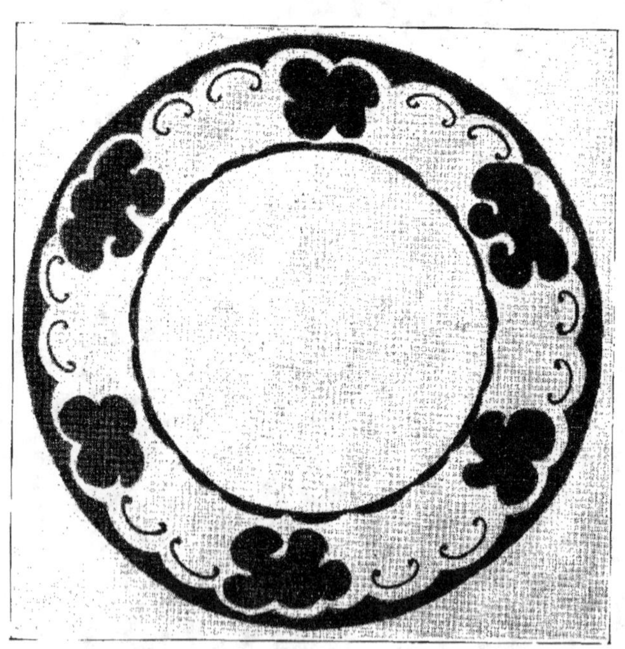

Fig. 115. — Décor d'une assiette. Exécution aux crayons de couleur.
Réduction au tiers de l'original.

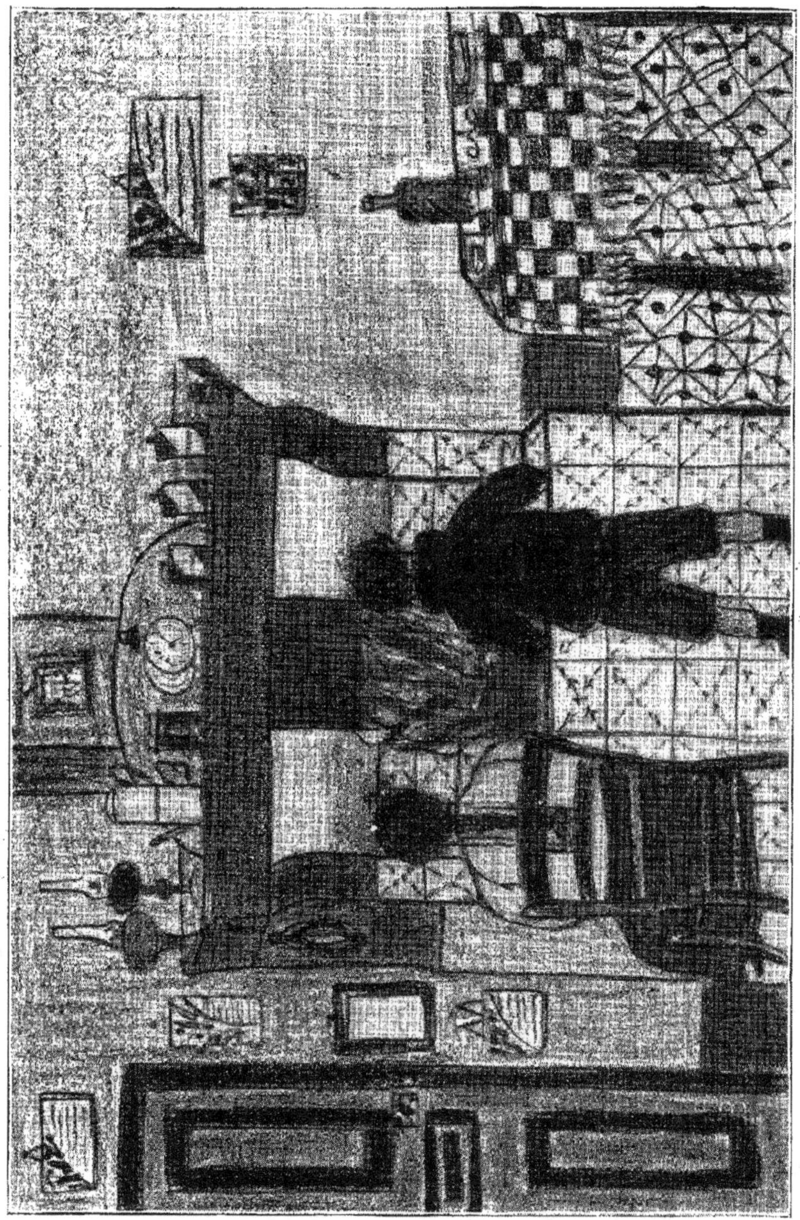

Fig. 117. — *Intérieur de cuisine.* Dessin à la mine de plomb rehaussé de crayons de couleur. Réduction à moitié de l'original.

TABLE DES MATIÈRES

69413. — PARIS, IMPRIMERIE LAHURE

9, rue de Fleurus, 9